HÁ 50 ANOS
UMA ASSINATURA
NA ARQUITETURA BRASILEIRA
FOR 50 YEARS A SIGNATURE
IN BRAZILIAN
ARCHITECTURE

PONTUAL ARQUITETURA

Concepção Editorial e Organização | *Editorial Design and Organization*
Henrique Pontual

Coordenação de Projeto | *Project Coordination*
Paulo Pires, Davino Pontual

Apresentação | *Presentation*
Alexandre Wainberg

Textos Abertura Capítulos | *Opening Texts Chapters*
Tenara Gabriela

Textos dos Projetos | *Texts of Projects*
Pontual Arquitetura, Boa Escrita Consultoria

Texto Planejamento Urbano | *Urban Planning Text*
Ricardo Duarte Pontual

Projeto Gráfico | *Graphic Design*
Henrique Pontual

Produção Executiva | *Executive Producer*
Viviane Mucci Simão

Produção | *Production*
Pontual Arquitetura

Fotografia | *Photography*
© Henry Pontual, © Pedro Vannucchi, © Carol Pires, © Karla Kalife

Assistente de Fotografia | *Photography Assistant*
Karla Kalife

Assistente de Design | *Design Assistant*
Karla Kalife, Gabriela Prestes Siciliano, Carlos Alberto da Silva

Diagramação | *Page Layout*
Carlos Alberto da Silva

Tratamento de Imagem | *Digital Image Editing*
Karla Kalife, Gabriela Prestes Siciliano, Carlos Alberto da Silva

Produção Gráfica | *Graphic Production*
Adriana Lins

Entrevistas | *Interviews*
Tenara Gabriela

Pesquisa | *Research*
Tenara Gabriela, Viviane Mucci Simão, Karla Kalife, Eduardo Ambrosio

Revisão de Texto | *Proofreading*
Boa Escrita Consultoria

Tradução Inglês | *English Translation*
Catarina Queiroz / Boa Escrita Consultoria

Capa | *Cover*
Henrique Pontual, Adriana Lins

Impressão | *Printed at*
Gráfica Santa Marta

Realização | *Produced by*
Pontual Arquitetura

P811 Pontual Arquitetura : há 50 anos uma assinatura na arquitetura brasileira. / Henrique Pontual (organizador) = Pontual Arquitetura: for 50 years a signature in Brazilian architecture / Henrique Pontual (main editor). – Rio de Janeiro : Pontual Arquitetura, 2017.
283 p. : il. color. ; 28 cm.

ISBN: 978-85-94471-00-0

1. Arquitetura. 2. Arquitetura brasileira. 3. Arquitetura de habitação. 4. Arquitetura de interiores. I. Pontual, Henrique.

CDD 720

Realização | *Produced by*

PONTUAL ARQUITETURA

R. Santa Alexandrina, 366
20261 232 Rio Comprido, Rio de Janeiro, RJ
55 21 2502 8744
pontual@pontual.arq.br
www.pontual.arq.br

Apoio | *Support*

HENRYPONTUAL

henry@henrypontual.com
www.henrypontual.com

EDIÇÕES DE JANEIRO

Rua da Glória, 344 sala 103
20241-180 Rio de Janeiro, RJ
55 21 3988 0060
contato@edicoesdejaneiro.com.br
www.edicoesdejaneiro.com.br

PONTUAL ARQUITETURA

50 ANOS | YEARS

HÁ 50 ANOS UMA ASSINATURA NA ARQUITETURA BRASILEIRA

FOR 50 YEARS A SIGNATURE IN BRAZILIAN ARCHITECTURE

PONTUAL ARQUITETURA

Henrique Pontual Organizador | Main Editor

SUMÁRIO
TABLE OF CONTENTS

CINQUENTA ANOS DE PRESENÇA

FIFTY YEARS OF PRESENCE

ALEXANDRE WAINBERG

Em 1967, vem à luz a Pontual Arquitetura, como parte importante da proposta modernista da arquitetura brasileira, que já se encaminhava para o fim. A expressão do esgotamento do modernismo como modo de manifestação da arquitetura ofereceria uma vez mais um início possível sugerido na presença de novas-antigas formas arquitetônicas.

Mais uma vez, o caminho da criação se reinicia. Retoma seus primeiros passos, seguindo agora a trilha pós-moderna, aberta à arquitetura e ao crescimento das demandas artísticas e técnicas. O mundo tecnológico se abre para as exigências das formas e dos novos conceitos de arquitetura. A Pontual Arquitetura será levada a incluí-los na criação arquitetônica, atendendo assim à modernidade e às suas exigências pós-modernas.

Uma nova tentativa de se refazer sem fim o novo, a busca infindável do ponto em que a totalidade encontra sua expressão. Do todo da arte, numa visão única de tudo que se inclui na criação do belo e sua visão como objeto em expansão no espaço que o homem ocupa.

Nasce uma tentativa de criação do novo que seja receptivo à eficiência e à segurança na produção do trabalho confortável, devidamente dedicado à continuidade produtiva, num ciclo ininterrupto de 24/365 horas dia/ano.

In 1967 Pontual Arquitetura emerged, as an important part of the modernist proposal of Brazilian architecture, which was already headed towards the end. The expression of the exhaustion of modernism as an architectural manifestation would once again offer a possible beginning suggested in the presence of new-old architectural forms.

Once again, the path of creation reinitiated. It retakes its first steps, following now the postmodern trail, open to architecture and to the growth of the artistic and technical demands. The technological world opens itself to the demands of forms and new concepts of architecture. Pontual Arquitetura will be taken to include them in the architectural creation, thus meeting modernity and its postmodern requirements.

A new attempt to remake eternally the new, the endless search of the point where totality finds its expression. From the whole of art, in a unique vision of everything included in the creation of beauty and its vision as an expanding object in the space that man occupies.

Rises an attempt to create the new, that is receptive to efficiency and safety in the production of comfortable work, properly dedicated to productive continuity, in an uninterrupted cycle of 24/7/365.

Neste movimento criativo, a arte encontra um novo patamar, trazendo em seu bojo a arquitetura como figura de proa, o templo no qual mal cabia o obscuro desejo do novo que nascia. (*apud* Rilke *in* Sonetos de Orfeu, Parte 1).

Instante único da união do moderno com o novo, momento em que as partes das energias do passado se desfazem e se reconfiguram em uma nova totalidade.

Estar presente neste meio século, fazer parte da chegada ao pós-moderno, pisar o barro do novo e entender o momento de liberação que se abre para a criação. Poder retirar, do destruído passado, este novo escondido nas partes do antigo.

Estas palavras talvez descrevam a transformação vivida pelo mundo e seus arquitetos no momento do encontro do séc. XX com o novo século. Instante em que se unem, por um átimo, o velho e o novo. Momento cuja visão a arquitetura confere a poucos, tais como os privilegiados arquitetos desta cidade, que se reconstrói com afinco, onde permitido.

Repetindo Jorge Hue: "A vida nos leva a considerar que existe em nós uma espécie de maré contínua nem sempre perceptível, um movimento de alma, de conversão e também de reconciliação."

In this creative movement, art finds a new level, bringing in its totality the architecture as a figurehead, the temple which hardly housed the longing passion of the new beginnings near (apud Rilke in The Sonnets to Orpheus, Part I).

A unique moment of the union of the modern with the new, when the parts of the energies of the past are dissolved and reconfigured into a new totality.

To be present in this half century, to be part of the arrival of the postmodernism, to tread the clay of the new and understand the moment of liberation that opens to creation. To be able to remove, from the destroyed past, what is new hidden in the parts of the old.

These words may describe the transformation undergone by the world and its architects at the time that the XX century met with the new century. An instant in which the old and the new unite together for a second. Moment whose vision architecture confers to few, such as the privileged architects of this city, that reconstructs itself with finesse, where allowed.

Repeating Jorge Hue: "Life leads us to consider that there is in us a kind of continuous tide not always perceptible, a movement of the soul, of conversion and also of reconciliation."

Mais uma vez, o caminho da criação se reinicia. Retoma seus primeiros passos esboçando agora a trilha pós-moderna na qual a Pontual Arquitetura será levada a caminhar, atendendo à pós-modernidade a suas exigências.

Por ser a arquitetura o canal pelo qual as imagens mais bem escoam, sem perda da totalidade, nem da nitidez, achamos oportuno oferecer à obra arquitetônica o seu lugar de líder que tanto merece, pelos trabalhos realizados no Rio de Janeiro, em Brasília, São Paulo, Inhotim e outros tantos que tomaram impulso por iniciativa pública ou particular.

Não se pode, portanto, deixar de saudar a Pontual Arquitetura, quer pelo seu ingresso na sexta década de sua existência, com equipe renovada, ostentando orgulhosa seus mais de 3.700.000 metros quadrados de edificações e interiores construídos e seus 48.000.000 de metros quadrados de projetos de urbanismo, quer pelo seu entusiasmo criativo.

AW
Rio de Janeiro, maio de 2017

Once again, the path of creation restarts. It retakes its first steps tracing now the postmodern trail on which Pontual Arquitetura will be guided along, reaching postmodernism and its requirements.

Because architecture is the channel through which the images flow the best, without loss of totality, nor of sharpness, we find it opportune to offer to the architectural work its place of leader that it deserves so much for the designs in Rio de Janeiro, Brasília, São Paulo, Inhotim and many other works that have taken off by public or private initiative.

Therefore, we must celebrate Pontual Arquitetura for its entrance into the sixth decade of its existence, with a renewed team, proudly exhibiting its more than 3,700,000 square meters of built buildings and interiors and its 48,000,000 meters squares of urban planning projects, and for its creative enthusiasm.

AW
Rio de Janeiro, May 2017

OS PRIMEIROS 50 ANOS DE PONTUAL ARQUITETURA

THE FIRST 50 YEARS OF PONTUAL ARQUITETURA

Em 2017, a Pontual Arquitetura completa 50 anos. Sem dúvida, por mérito de sua equipe, que soube se reinventar ao longo do tempo e deixar sua assinatura na paisagem brasileira.

O início do escritório foi em uma garagem de 36 metros quadrados, fechada com tábua de obra e basculante, na antiga Rua Peri (hoje Joaquim Campos Porto), ainda sem telefone ou banheiro. Algum tempo depois, houve a mudança para a casa da Rua Pacheco Leão, e assim os irmãos Arthur Lício Pontual e Davino Pontual consolidavam o escritório, desenvolvendo seus projetos no Brasil e conquistando o respeito internacional.

Com a morte de Arthur Lício em 1972, a Pontual Arquitetura se depara com seu maior desafio: se consolidar no mercado sem o brilhantismo de seu tão ilustre fundador, que entendia a arquitetura "como um todo, da tecnologia construtiva modulada e harmônica ao utensílio e à ambientação", como descreveu Lucio Costa.

Foi necessário, então, formar uma nova sociedade, constituída por Davino Pontual, Paulo Pires, Sérgio Porto e Flávio Ferreira, para dar continuidade aos projetos e preservar a credibilidade junto aos clientes.

Em 1973, a Pontual participou da fundação da Associação Brasileira dos Escritórios de Arquitetura, e, no ano seguinte, houve a transferência da sede para a Rua Santa Alexandrina, no Rio Comprido, onde permanece até hoje.

In 2017, Pontual Arquitetura completes 50 years. Undoubtedly, on the merit of its team, who knew how to reinvent themselves over time and leave their signature in the Brazilian landscape.

The beginning of the firm was in a garage of 36 square meters, closed with repurposed wood and tilting window, on the old Peri Street (now Joaquim Campos Porto Street), still without a telephone or bathroom. Some time later, the office moved to the house on Pacheco Leão Street, and so the brothers Artur Lício Pontual and Davino Pontual consolidated the office, developing their projects in Brazil and achieving international respect.

With the death of Artur Lício in 1972, Pontual Arquitetura faced its greatest challenge: to consolidate itself in the market without the brilliance of its so illustrious founder, who understood the architecture "as a whole, from the modulated and harmonized constructive technology to the utensils and the ambience," as Lucio Costa described.

It was necessary, then, to form a new society, made up of Davino Pontual, Paulo Pires, Sérgio Porto and Flávio Ferreira, to continue the projects and preserve credibility with clients.

In 1973, Pontual participated in the founding of the Brazilian Association of Architecture Offices (AsBEA), and in the following year the headquarters moved to Santa Alexandrina Street, in Rio Comprido, where it remains until today.

Em 1979, Flávio Ferreira sai da sociedade, e anos mais tarde, em 1987, com o desligamento de Sérgio Porto, Davino e Paulo convidam Ralph Rodrigues Lifschits, que permaneceu até 2004. Hoje, a Pontual Associados Arquitetura e Planejamento Ltda. é uma sociedade civil, em que todos são sócios. Uma alternativa que proporcionou, dentro dos 50 anos de existência, se manter em atividade, apesar das várias crises políticas e financeiras do Brasil.

Uma das empresas pioneiras no uso da tecnologia no país, a Pontual Arquitetura ousou e, sob coordenação de Cristina Pires, projetou o Teleporto em AutoCAD, em 1991. O uso do computador permitiu a vantagem fantástica de se modificar um projeto de forma rápida junto à crescente sofisticação da construção.

Dentro dos seus 50 anos, a Pontual Arquitetura presenciou as mais diversas mudanças do arquiteto como profissão, atuando como agente formador de novos profissionais, que têm a oportunidade de vivenciar seu ofício na prática e acompanhar a evolução monumental do mercado. Foi também participante ativo da arquitetura brasileira, possuindo diversas construções de sua autoria nas mais diversas cidades do país.

Sua marca está inserida principalmente na qualidade de excelência de seus projetos executivos, que são resultado de múltiplas pesquisas de materiais e fornecedores, beleza e funcionalidade, custo e benefício, eficiência e conclusão, gerando otimização da metragem, concepção arquitetônica, solidez na construção e satisfação ao cliente.

Hoje a Pontual Arquitetura comemora o feito de 50 anos de trabalho ininterruptos graças à competência de se manter nos seus objetivos de obedecer à melhor técnica construtiva, dentro do menor prazo possível e respeitando rigorosamente o programa de custos estabelecido. Ao manter-se em atualização constante, perpetuam o sucesso de seus projetos e buscam, a cada dia, por mais qualidade de vida em um mundo contemporâneo.

In 1979, Flávio Ferreira left the company, and years later, in 1987, with the dismissal of Sérgio Porto, Davino and Paulo invited Ralph Rodrigues Lifschits, who remained until 2004. Today, Pontual Associados Arquitetura e Planejamento Ltda. is a limited partnership with all the involved. An alternative that allowed it to stay in activity within 50 years of existence, despite the various political and financial crises in Brazil.

One of the pioneer enterprises in using of technology in the country, Pontual Arquitetura dared and, under the coordination of Cristina Pires, designed the Teleporto in AutoCAD in 1991. The use of the computer allowed the fantastic advantage of modifying a project quickly with the increasing sophistication of construction.

During these 50 years, Pontual Arquitetura has witnessed the most diverse changes of the architect as a profession, acting as an agent to train new professionals, who have the opportunity to experience their craft hands on and follow the monumental evolution of the market. It was also an active participant in the Brazilian architecture, having signed several constructions in the most diverse cities of the country.

Its name is associated specially with the excellence and quality of its executive projects, which are the result of multiple researches of materials and suppliers, beauty and functionality, cost and benefit, efficiency and completion, generating optimization of the square footage, architectural design, construction solidity and satisfaction to the client.

Today, Pontual Arquitetura celebrates the achievement of 50 years of uninterrupted work thanks to its ability to remain faithful to its objectives of following the best constructive technique, within the shortest possible deadline and strictly adhering to the established cost plans. Keeping in constant updating, the firm perpetuates the success of its projects and searches, each day, for more quality of life in a contemporary world.

TORRE ALMIRANTE

UM FUTURO CONSTRUÍDO DE PRESENTE

A FUTURE BUILT FROM THE PRESENT

Ser uma empresa construída nos alicerces da competência e do profissionalismo proporciona não apenas um presente de conquistas, mas principalmente a confiança no sucesso do futuro.

Assim foi o caminho trilhado até aqui pela Pontual Arquitetura, que a cada projeto consolidou, sob a liderança da arquiteta Cristina Mota, a certeza de um futuro promissor.

Cristina agrega, ao seu grande conhecimento, a importante habilidade de gestora, ao entender a importância de se trabalhar com a equipe e não em ter uma equipe que trabalhe para si. Ela é capaz de conceber a empresa como um todo, investir em novos talentos, administrar as mais diversas situações e possui a coragem necessária para rever as suas estruturas, atualizar suas funções e atingir novas metas.

Além disso, com as modificações da paisagem arquitetônica brasileira e a escassez dos terrenos para grandes construções, principalmente no Rio de Janeiro e em São Paulo, áreas de grande incidência do trabalho da Pontual Arquitetura, novos horizontes despontam no projetar do retrofit e de interiores. Necessidades de um mundo contemporâneo e globalizado que busca por conforto, versatilidade e diferencial.

Being a company built on the foundations of competence and professionalism provides not only achievements in the present, but mainly confidence in the success of the future.

So was the path taken so far by Pontual Arquitectura, that with each project consolidated, under the leadership of the architect Cristina Mota, the certainty of a promising future.

Cristina adds, to her great knowledge, the important management skill, when she understands the importance of working with the team and not having a team that works for her. She is able to conceive the company as a whole, invest in new talents, manage the most diverse situations and have the courage to review their structures, update their functions and reach new goals.

In addition, with the changes in the Brazilian architectural landscape and the land shortage for large constructions, especially in Rio de Janeiro and São Paulo, areas of high incidence of the work of Pontual Architectura, new horizons appear in the retrofit and interior designs. Needs of a contemporary and globalized world that seeks for comfort, versatility and differential.

A Pontual é sem dúvida uma empresa que deixa sua marca na arquitetura brasileira, tão cheia de contrastes, possibilidades, desigualdades e acertos, e se lança no futuro através da compreensão dos problemas sociais e ambientais dos novos tempos, se fortalecendo no compromisso da satisfação dos seus clientes, na qualidade dos seus projetos, na solidez das suas construções e na elegância, no conforto e na eficiência dos seus empreendimentos.

Pontual is undoubtedly a firm that leaves its mark on Brazilian architecture, so full of contrasts, possibilities, inequalities and what is right, and launches itself in the future through the understanding of social and environmental problems of new times, strengthening itself in the commitment of the satisfaction of its clients, in the quality of its designs, the solidity of its buildings and the elegance, comfort and efficiency of its projects.

CORPORATIVO
CORPORATE

O horizonte de uma cidade, comumente, é marcado por edifícios altos e com design único. Esses são, em sua maioria, os prédios corporativos, elaborados para sediar as mais variadas empresas e, assim, atender seus requisitos. Associando elegância e eficiência, tais construções são parte constituinte do acervo da Pontual Arquitetura.

Para manter os mais altos padrões de seus empreendimentos, a Pontual baseia seus projetos na tríade solução, pesquisa e inovação. Para isso, o diferencial da empresa reside em equalizar solicitações e expectativas do cliente com o desempenho e funcionalidade que um prédio corporativo requer. Não se trata de atualização de técnicas ou procedimentos, e sim da criação de novas ferramentas capazes de resultados práticos e funcionais, sem causar prejuízos ao binômio custo–benefício.

Diferentemente dos prédios residenciais, que possuem *layouts* físicos dos apartamentos predefinidos, os corporativos exigem grandes espaços que serão divididos de acordo com as necessidades da empresa em um segundo momento. Assim, se torna imprescindível otimizar a utilização da maior área útil privada de acordo com a área total construída. Tudo isso também priorizando qualidades clássicas de um prédio corporativo: climatização central, pé-direito alto, certificações ambientais e outros.

A simplicidade da inovação é a chave do trabalho do escritório, que não busca complexidade em seus projetos. A razão e a aplicabilidade são os fatores condicionantes para um projeto arquitetônico de sucesso. Por todos esses fatores, a Pontual se destaca no cenário da arquitetura brasileira. Imprimiu sua marca no *skyline* do país, seja com suas curvas que se leem como movimento quando um passante olha para o alto de um prédio, seja concretizando projetos icônicos, como a sede da White Martins, a Torre Almirante ou a sede do Banco do Brasil.

The horizon of a city is commonly marked by tall buildings and with a unique design. These are, mostly, the corporate buildings, designed to host a variety of companies and thus comply with their requirements. Associating elegance and efficiency, these constructions are part of the Pontual Arquitetura portfolio.

To maintain the highest standards of its developments, Pontual bases its projects on the triad: solution, research and innovation. For this, the differential of the firm resides in equalizing requests and expectations of the client with the performance and functionality that a corporate building requires. It is not a matter of updating techniques or procedures, but of creating new tools capable of practical and functional results, without jeopardizing the cost-benefit binomial.

Unlike residential buildings, which have physical layouts of pre-defined apartments, corporations require large spaces that will be divided afterwards according to the needs of the company. Thus, it is imperative to optimize the use of the largest net internal area according to the gross floor area. Also prioritizing classic qualities of a corporate building: central air conditioning, tall ceiling height, environmental certifications and others.

Simplicity of innovation is the key to the firm's work, which does not seek complexity in its projects. Reason and applicability are the conditioning factors for a successful architectural project. Because of all these factors, Pontual stands out in the Brazilian architecture scenario. It imprinted its mark on the country's skyline, either with its curves that are read as movement when a passer looks up at a building, or when it materializes iconic projects, such as White Martins headquarters, Torre Almirante or Banco do Brasil headquarters.

EDIFÍCIO PORTO BRASILIS

PORTO BRASILIS BUILDING

O Edifício Porto Brasilis está localizado na esquina das ruas do Acre, São Bento e Av. Rio Branco, um dos locais mais tradicionais do centro da cidade do Rio de Janeiro, no chamado "marco zero" da Operação Urbana Porto Maravilha. Possui 1.600m² de terreno e aproximadamente 26.000m² de área construída, distribuída em 2 subsolos e 19 pavimentos com lajes corporativas de até 1.270m², além de mais de 100 vagas divididas em 3 pavimentos.

O prédio é composto por 2 volumes contrastantes, definidos pela legislação local, ambos em vidro e com chanfros em pontos estratégicos, formando uma torre escultural com formas assimétricas, revelando sofisticação e modernidade. O prédio se completa com uma arcada monumental que demarca o principal acesso ao edifício, revelando uma expressiva valorização para a Av. Rio Branco e para um trecho da rua São Bento, que também sofreu intervenção no piso e no paisagismo pelo empreendimento e que agora é carinhosamente chamada de "boulevard". Pela proximidade de prédios históricos, houve a necessidade da utilização de vidros com baixo reflexo. Para isso, assim como para o alcance de uma boa eficiência energética, foi escolhido um vidro laminado *low-e* com controle solar. O projeto do *lobby* acompanhou a sofisticação da torre, sendo utilizado vidro e silestone branco em algumas paredes e mármore italiano, quartzito roma imperiale polido em outras paredes e em parte do piso, direcionando para a entrada dos elevadores. O restante do piso é em granito branco itaúnas, polido, com tratamento antiferrugem.

As características técnicas, os materiais utilizados na construção e os equipamentos instalados na edificação proporcionaram ao Porto Brasilis a certificação Green Building Leed na categoria Gold, assim como o prêmio Master Imobiliário 2012, na categoria empreendimentos.

A combinação de estética, porte e sustentabilidade da edificação tornou o Porto Brasilis um edifício para sempre ser lembrado.

The Porto Brasilis Building is located on the corners of Acre and São Bento Streets and Rio Branco Avenue, one of the most traditional locations in downtown Rio de Janeiro, in the so-called "point zero" of Urban Operation Porto Maravilha. It has 1,600m² of land and approximately 26,000m² of built area, distributed along 2 basements and 19 floors with corporate floors of up to 1,270m², in addition to more than 100 parking spaces divided into 3 floors.

The building consists of 2 contrasting volumes, defined by local legislation, both in glass and with chamfers at strategic places, forming a sculptural tower with asymmetrical shapes, revealing sophistication and modernity. The building is completed with a monumental arcade that marks its main access, revealing a significant appreciation for Rio Branco Avenue and for a stretch of São Bento Street. This street has also undergone intervention on the floor and landscape by the development and is now affectionately called a boulevard. Due to the proximity of historical buildings, it was necessary to use glass with low reflection. For this, as well as to achieve a good energy efficiency, a solar control low-e laminated glass was chosen. The lobby design accompanied the sophistication of the tower, using glass and white silestone on a few walls and Italian marble, polished roma imperiale quartzite on other walls and on part of the floor, leading to the entrance of the elevators. The remainder of the floor is of polished itaunas white granite, with antirust treatment.

The technical characteristics, the materials used in the construction and the equipment installed in the building gave Porto Brasilis the Green Building Leed certification in the Gold category, as well as the prize Master Imobiliário 2012 in the developments category.

The combination of aesthetics, size and sustainability of the building made Porto Brasilis a building to always remember.

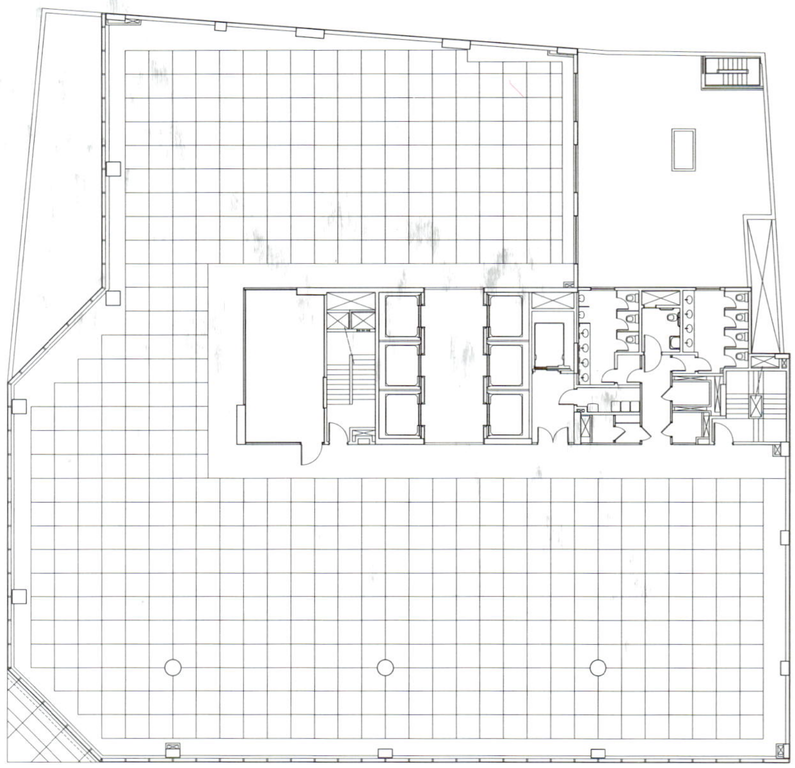

2

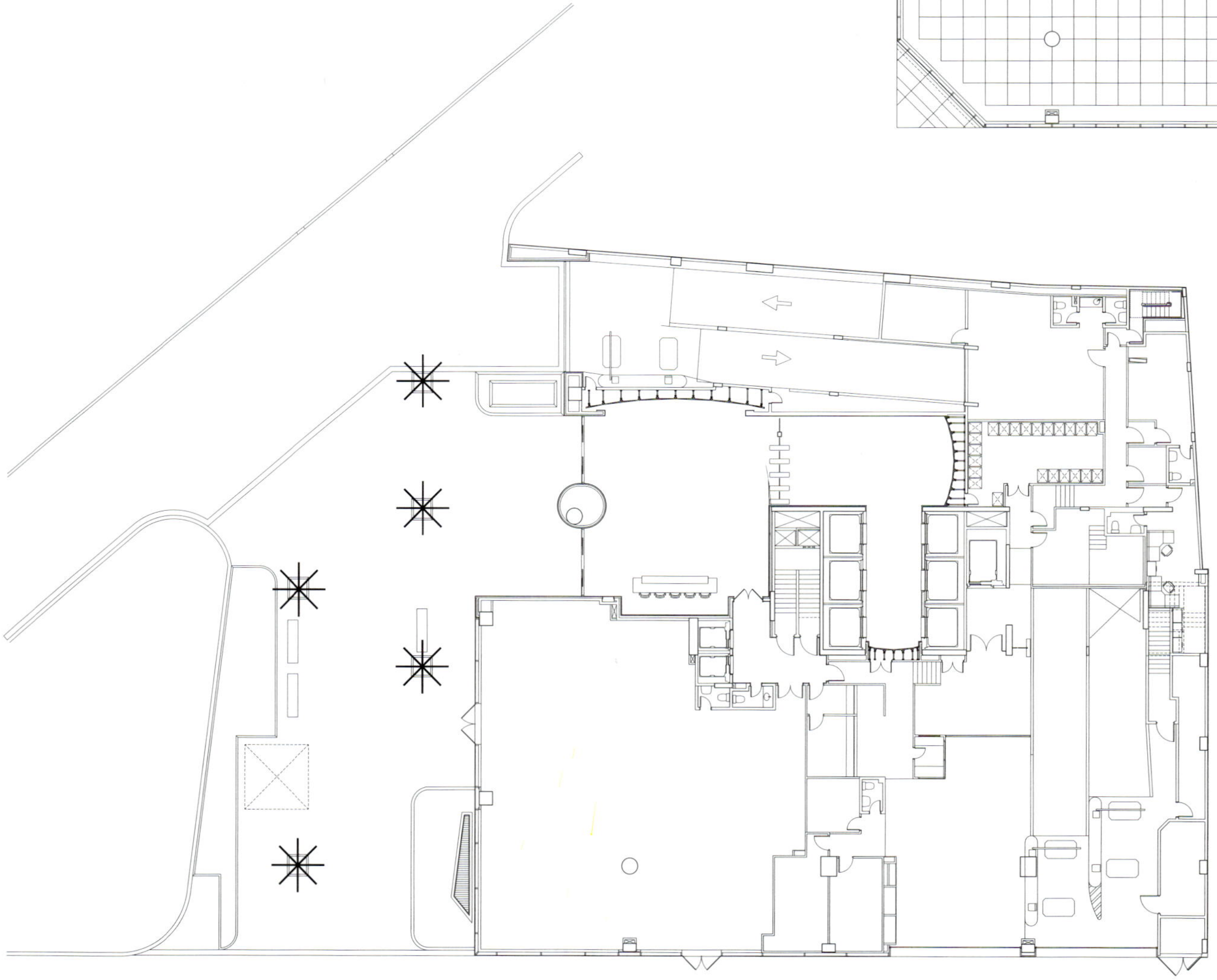

1

3

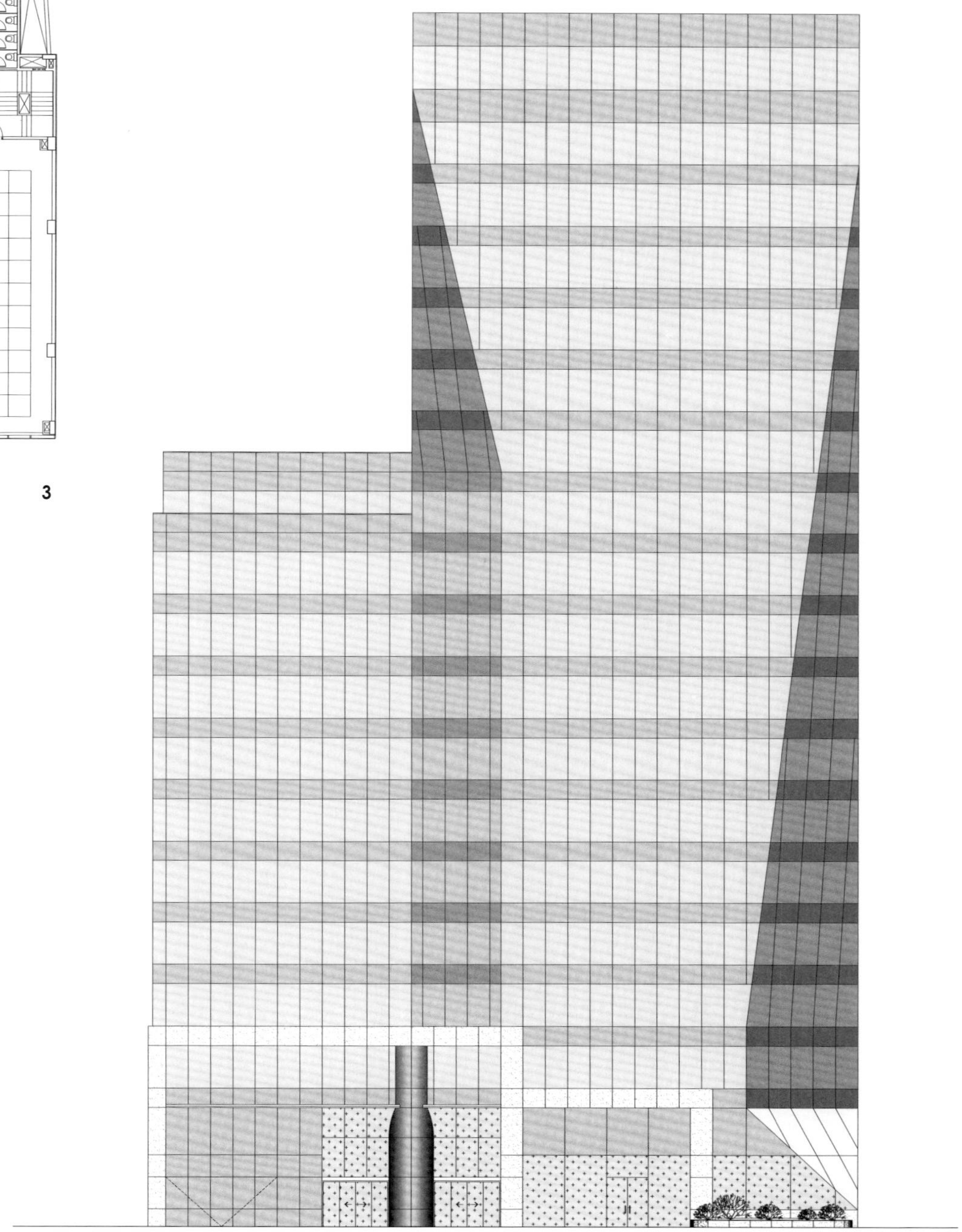

4

Planta Baixa Térreo *Ground floor plans* **1**

Planta Baixa Tipo - **7º** pavimento *Typical floor plans - 7th floor* **2**

Planta Baixa Tipo - **16º** pavimento *Typical floor plans - 16th floor* **3**

Fachada *Facade* **4**

Ano *Year* **2012**

Área construída *Built area* **26 mil m²**

TORRE Z
Z TOWER

A Torre Z está implantada na esquina das avenidas Dr. Chucri Zaidan e Morumbi, na zona sul da cidade de São Paulo, com 15.723m² de terreno, 90.000m² de área construída e 1.715 vagas. O prédio possui 32 pavimentos, sendo 3 subsolos, 8 pavimentos de embasamento e 21 pavimentos de escritórios.

A Torre Z é um edifício de uso misto, com lojas, restaurantes, praça de alimentação e estacionamento no subsolo e no volume do embasamento, que procurou satisfazer a demanda por escritórios "Triple A" na maior cidade da América do Sul. Os 21 andares de escritórios erguem-se sobre os 8 pisos do embasamento, que se encontra parcialmente fora do perímetro da torre. Sobre o embasamento, foi construído um terraço-jardim que serve como espaço de lazer privado para os ocupantes do primeiro pavimento de escritório. Ao nível da rua, o projeto se desenvolve ao redor de um jardim com praça de alimentação ao ar livre e espelhos d'água.

O projeto da Torre Z teve a autoria dividida entre a Pontual Arquitetura e o escritório americano Pickard Chilton, que fez sua conceituação inicial. Alta e larga, a edificação tem o impacto no entorno atenuado pela fachada arqueada e revestida com vidros reflexivos, que contrastam com o granito do embasamento em tons claros. O *lobby* e o centro comercial chamam a atenção pelo revestimento em granito polido importado. A Torre Z é detentora da certificação Leed na categoria Ouro.

Z Tower is located at the corner of Dr. Chucri Zaidan and Morumbi avenues, in the south of the city of São Paulo, on a 15,723m² lot, with 90,000m² of built area and 1,715 parking spaces. The building has 32 floors, distributed along 3 basements, 8 base floors and 21 office floors.

Z Tower is a mix use building with shops, restaurants, food court and parking in the basement and on the base floor volume, which sought to meet the demand for "Triple A" offices in the largest city in South America. The 21 office floors rise over the 8 base floors, which are partially outside the perimeter of the tower. Upon the base, a garden terrace was built that works as a private recreational space for the occupants of the first office floor. At street level, the project develops around a garden with outdoor food court and water mirrors.

The Z Tower project was created by Pontual Arquitetura in partnership with the American firm Pickard Chilton, which developed its initial concept. Tall and wide, the building has its impact on the environment attenuated by the arched facade and reflective glass cladding, which contrasts with the granite base in light tones. The lobby and commercial center draw attention due to the imported polished granite cladding. Z Tower holds the Leed certification gold category.

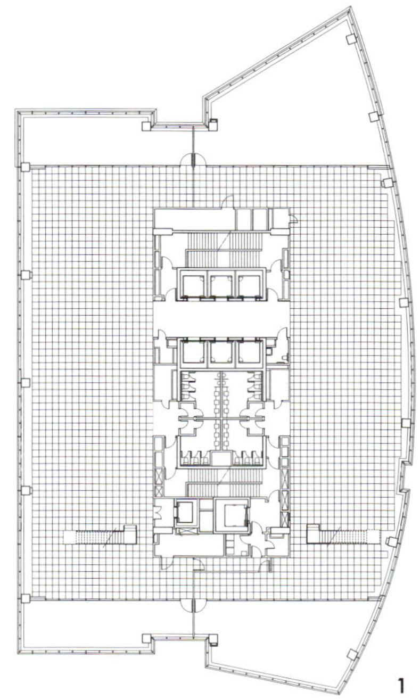

1

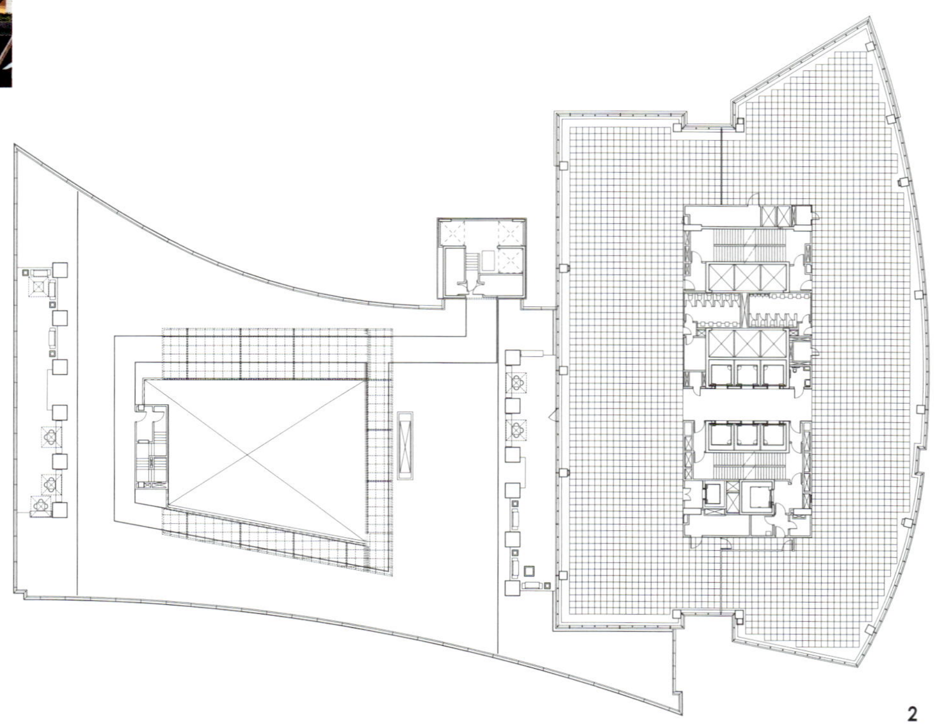

2

Planta Baixa Tipo - **27º** pavimento *Typical floor plans - 27th floor* **1**

Planta Baixa Tipo - **8º** pavimento *Typical floor plans - 8th floor* **2**

Planta Baixa Térreo *Ground floor plans* **3**

Ano *Year* **2014**

Área construída *Built* **90 mil m²**

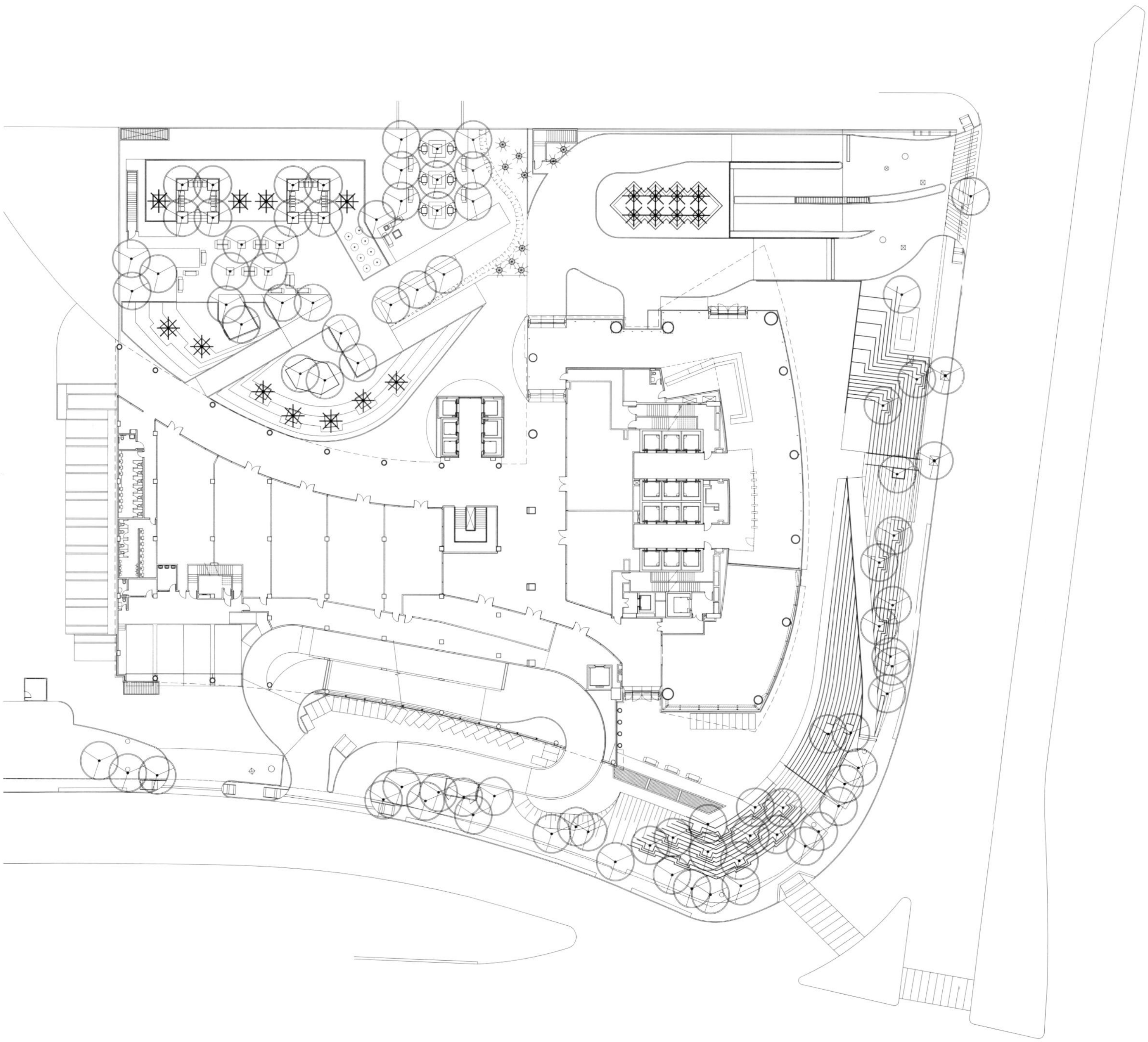

3

TORRE ALMIRANTE
ALMIRANTE TOWER

O projeto da Torre Almirante, localizado na Av. Almirante Barroso, esquina com a Av. Graça Aranha, no centro do Rio de Janeiro, teve seu início no final da década de 80 do século passado, quando foi dada entrada na prefeitura de um projeto para aprovação, no local do antigo Edifício Andorinha, que se incendiou.

Esse projeto visava exclusivamente garantir os direitos da legislação vigente à época, que permitia uma altura total de 120 metros, com área construída máxima equivalente a vinte e cinco vezes a área do terreno.

No trabalho de desenvolvimento do projeto, a Pontual Arquitetura contou com a colaboração dos arquitetos norte-americanos Robert Stern Architects, constituindo o primeiro empreendimento desse porte incorporado no Brasil pela Hines, empresa com sede em Houston.

Contidos nos 120m de altura, o edifício tem 36 pavimentos com pé-direito de 3,31m de piso a piso. Para o pé-direito livre ficar com 2,70m, foi utilizado o insuflamento do ar condicionado pelo piso elevado, sendo essa a primeira vez que a Pontual fez uso desse sistema de insuflamento. Seu core é formado por 2 escadas corta-fogo pressurizadas, 12 elevadores divididos em 3 zonas contendo 4 elevadores cada uma, 1 elevador de serviço que atende a todos os pavimentos, inclusive os subsolos, e ainda instalações sanitárias, compartimento para instalações elétricas, outro para telemática e duas salas para os equipamentos de ar condicionado.

Sua fachada em granito e vidros laminados confere elegância com suavidade, anexada a um atrativo à parte: o "corner" do edifício possui iluminação capaz de gerar milhões de cores.

The Almirante Tower design, located on the corner of Av. Almirante Barroso and Av. Graça Aranha, in downtown Rio de Janeiro, began in the late 1980s, with a project sent for approval at the city hall, to replace the old Andorinha Building, which burned down.

This project aimed exclusively at guaranteeing the rights of the legislation in force at the time, which allowed a total height of 120 meters, with maximum built area equivalent to twenty five times the area of the lot.

The North American Robert Stern Architects collaborated with Pontual Arquitetura in the development of the project. It was the first development of this size in Brazil by Hines, real estate development company established in Houston.

At 120m tall, the building has 36 floors with ceiling height of 3.31m from floor to floor. To allow a clear height of 2.70m, the air-conditioning duct was installed through the raised floor; this was the first time that Pontual made use of this system. The building core consists of 2 pressurized emergency staircases, 12 elevators divided into three zones containing four elevators each zone, a service elevator that serves all floors, including the basements, and also sanitary facilities, compartment for electrical power entrance, another for telematics and two rooms for air-conditioning equipment.

Its granite and laminated glass façade adds elegance and softness. The corner of the building is a special attraction: its lighting is capable of generating millions of colors.

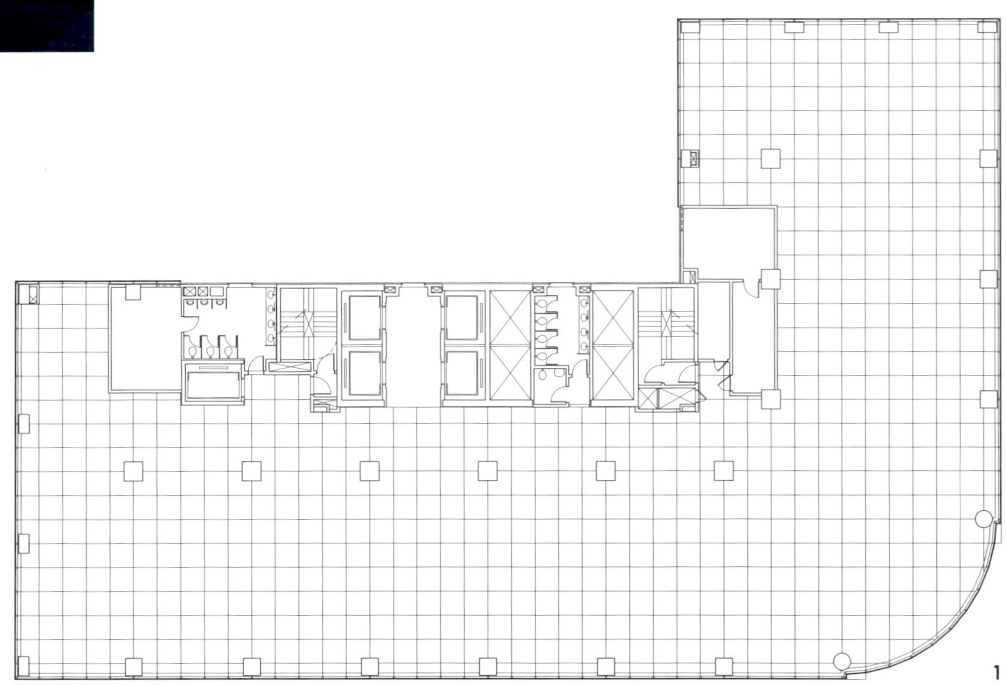

Planta Baixa Tipo -**18° e 19°** pavimento *Typical floor plans - 18th and 19th floors* **1**
Planta Baixa Tipo - **35°** pavimento *Typical floor plans - 35rd floor* **2**
Planta Baixa Térreo *Ground floor plans* **3**

Ano *Year* **2002**
Área construída *Built area* **45 mil m²**

1

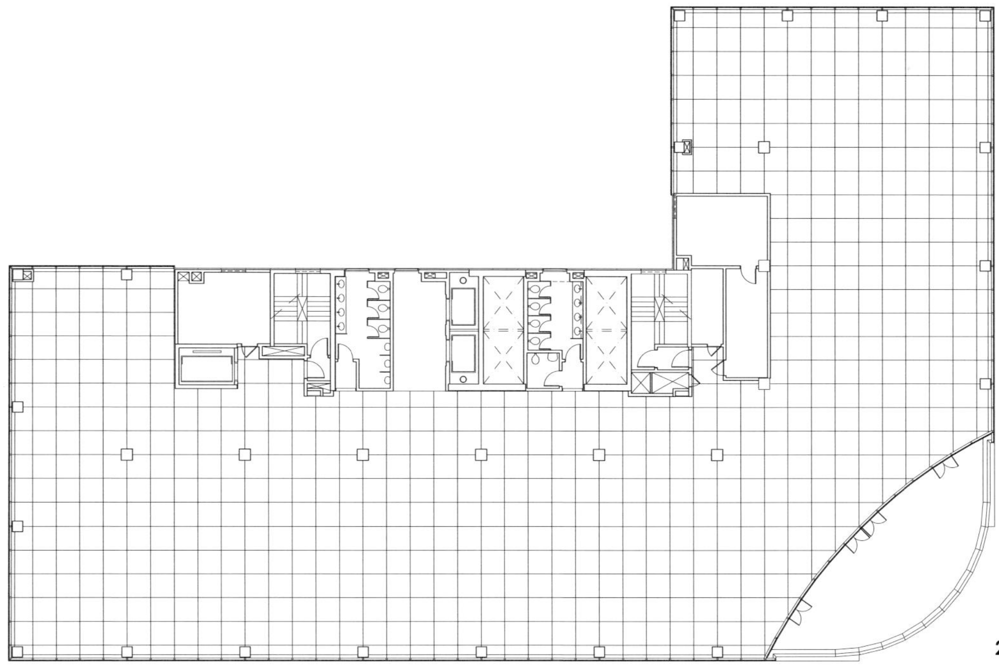

2

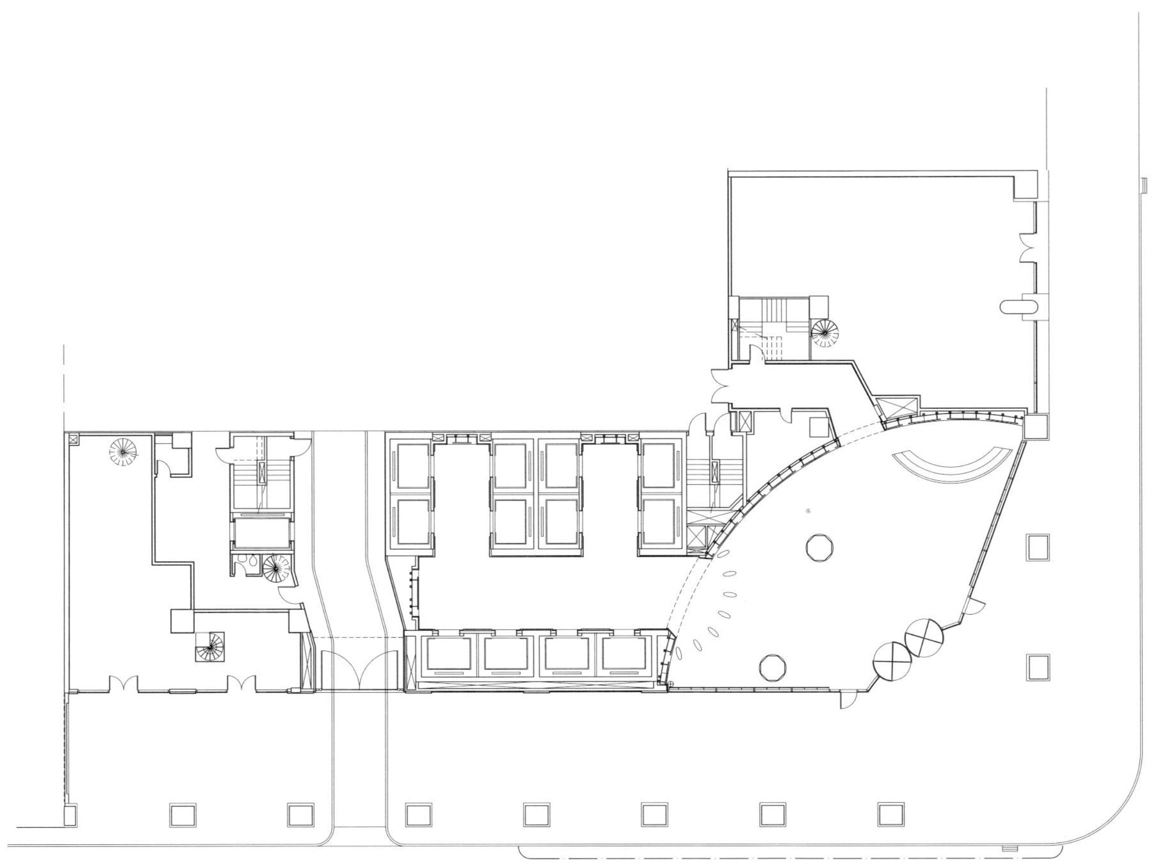

3

TORRE ALMIRANTE

RIO OFFICE TOWER

RIO OFFICE TOWER

O edifício corporativo Rio Office Tower, localizado no centro do Rio de Janeiro, apresenta um modelo de sofisticação e comprometimento com o meio ambiente. O prédio conquistou a certificação LEED Gold ao ser erguido com máxima economia de materiais, priorizando a entrada de luz natural. Com 1.375 metros quadrados de terreno e 25.000 metros quadrados de área construída, o edifício é composto por 3 subsolos, térreo com 3 lojas e sobreloja, 14 pavimentos de salas comerciais e 84 vagas para automóveis, ocupando 100% do terreno.

Seu diferencial, além da infraestrutura completa e das soluções sustentáveis, é o alto padrão de acabamento. A fachada tipo "pele de vidro" combina 2 tipos de vidro, laminado e insulado, além de 2 tipos de granito. As esquadrias foram instaladas com sistema unitizado. Os quadros de alumínio, granito e vidro já chegaram prontos à obra, o que agilizou o processo durante o fechamento das fachadas. A modulação nas áreas de trabalho é flexível, tanto para a implantação em andar corrido quanto para a subdivisão em escritórios individuais — auxiliados pela presença do piso elevado.

Para revestir as fachadas do embasamento, foram utilizados granitos de tons variados com acabamento polido. O *hall* e o *lobby* do térreo também foram revestidos com granito, mármore e painéis de vidro.

The Rio Office Tower corporate building, located in downtown Rio de Janeiro, presents a model of sophistication and commitment to the environment. The building achieved the LEED Gold certification when built with material economy, prioritizing the entrance of natural light. With a 1,375m^2 lot and 25,000m^2 of built area, the building consists of 3 basements, ground floor with 3 stores and mezzanine, 14 office floors and 84 parking spaces, occupying 100% of the lot.

Its differential, besides the complete infrastructure and the sustainable solutions, is the high standard of the finishings. The glass skin facade combines 2 types of glass, laminated and insulated, as well as 2 types of granite. The frames were installed with a unitized system. The aluminum, granite and glass frames arrived on the site prefabricated, which sped up the process during the façade finalization. The modules in the office areas are flexible, both for open floor plans and for subdivision in individual offices—aided by the presence of raised floors.

The façades of the base were clad in granite of varied shades with polished finishing. The hall and lobby on the ground floor also feature granite, marble and glass panels.

RIO
OFFICE
TOWER

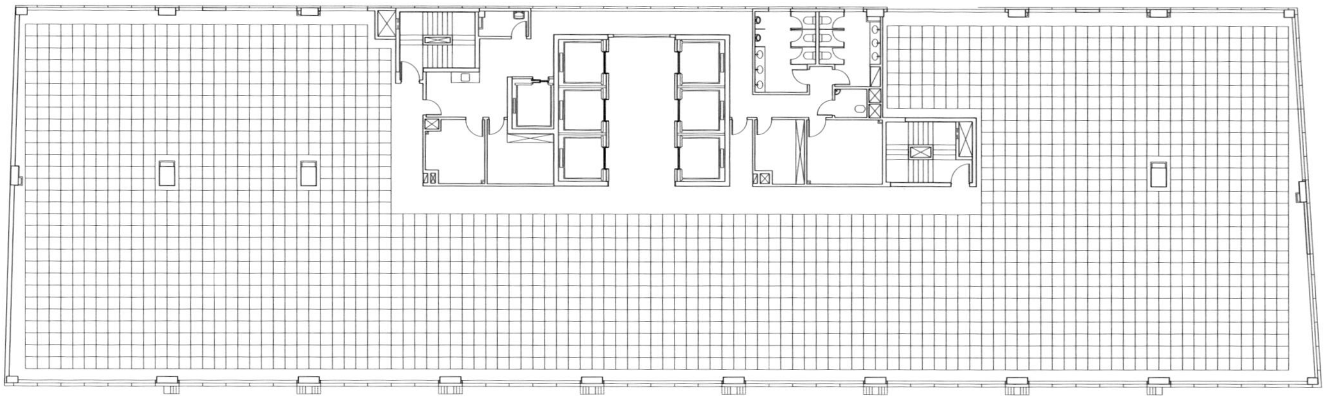

1

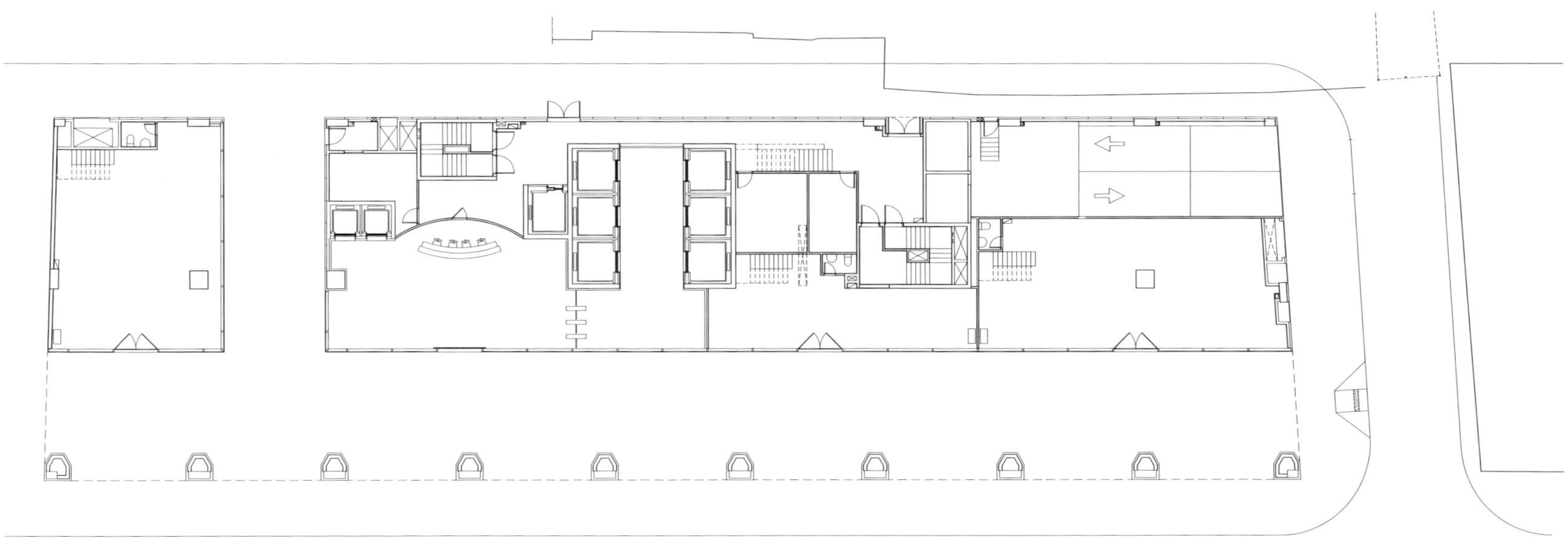

2

Planta Baixa Tipo - **3° ao 5°** pavimento *Typical floor plans - 3rd to 5th floors* **1**

Planta Baixa Térreo *Ground floor plans* **2**

Ano *Year* **2008**

Área construída *Built area* **25 mil m²**

VIRTUS CORPORATE OFFICES

VIRTUS CORPORATE OFFICES

Localizado na principal avenida do centro do Rio de Janeiro, a Presidente Vargas, área de maior movimentação da cidade, na qual se encontram vários empreendimentos comerciais, o edifício Virtus Corporate Offices representa a essência do edifício comercial, focado em qualidade e flexibilidade.

Com 1.054 metros quadrados de terreno e aproximadamente 21.000 metros quadrados de área construída, o prédio possui 16 pavimentos, sendo 4 subsolos, térreo, sobreloja e 14 pavimentos de escritório, lojas, além de 89 vagas para automóveis, ocupando 100% do terreno. O Virtus Corporate Offices nasceu de um projeto inteligente, que buscava a otimização dos recursos e o melhor aproveitamento de espaços.

O complexo é concebido para atender os rigorosos padrões da certificação do Green Building Council para prédios destinados a atividades corporativas, embasadas pelo uso eficiente da água, através de equipamentos de última geração, e vidros de alta performance nas fachadas, com a finalidade de reduzir a temperatura ambiente, contribuindo para a eficiência energética. Já os elevadores destacam-se pela alta eficiência, com um sistema de chamadas antecipadas. Ou seja, ao passar o crachá, o visitante terá a indicação imediata do elevador que precisará usar.

Quem entra no prédio tomado por grandes painéis de vidro recortados na fachada logo se depara com o espaço imponente e elegante do *lobby*, em função do elevado pé-direito de 7m e dos acabamentos requintados, como silestone no piso e vidro e mármore italiano "ônix bamboo" nas paredes. Os pavimentos de escritórios foram entregues com piso elevado metálico e teto rebaixado com forro acústico. O prédio possui, também, duas lojas com mezanino.

A construção permitiu a revitalização urbanística da região, através da modificação feita na travessa ao lado do edifício, que beneficiou os fluxos dos veículos que acessam o prédio e seu entorno, garantindo maior qualidade de vida aos usuários, além de promover o desenvolvimento do comércio na região. A partir de 2012, o prédio passou a se chamar de State Grid Rio Tower Building.

Located on the Presidente Vargas avenue, the main avenue in downtown Rio de Janeiro, area with biggest traffic in the city, where there are several commercial enterprises, the Virtus Corporate Offices building represents the essence of the commercial building, focused on quality and flexibility.

With 1,054m^2 of lot and approximately 21,000m^2 of built area, the building has 16 floors, which are 4 basements, ground floor, mezzanine and 14 office floors, stores, in addition to 89 parking spaces, occupying 100% of the land. Virtus Corporate Offices was born from an intelligent project, which sought to optimize resources and make the best use of spaces.

The complex was thought to meet the strict standards of Green Building Council certification for buildings designed for corporate activities. These requirements are based on the efficient use of water, through state-of-the-art equipment, and high performance glass in the facades to reduce the ambient temperature, contributing to energy efficiency. The elevators stand out for the high efficiency, with a destination control system. That is, when passing the ID card, the visitor will have the immediate indication of the elevator that will be used.

Those who enter the building with large glass panels cut into the facade soon face the imposing and elegant lobby space, due to the high ceiling height of 7m and the sophisticated finishes, such as silestone on the floor and onyx bamboo Italian marble on the walls. The office floors were delivered with metal raised floor and dropped ceiling with acoustic lining. The building also has two stores with mezzanines.

The construction allowed the urban renovation of the region, through the modification made on the bystreet side of the building, which benefited the traffic of vehicles that access the building and its surroundings, guaranteeing a better quality of life for users, as well as promoting the development of business in region. From 2012, the building was renamed State Grid River Tower Building.

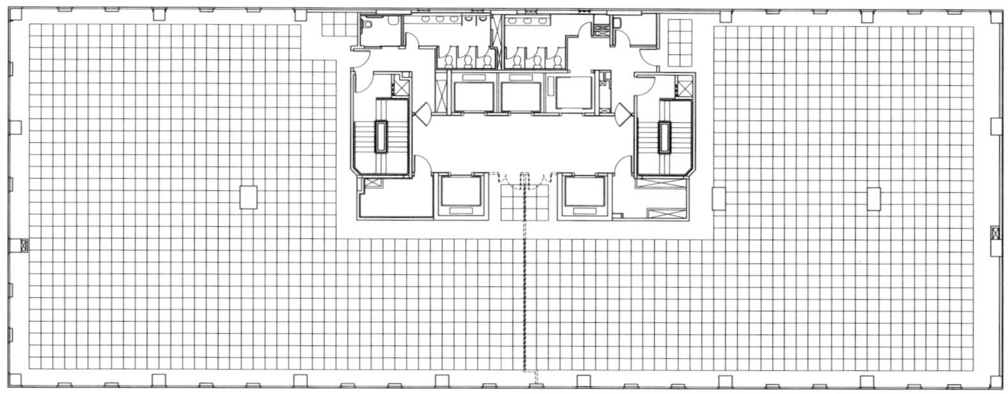

1

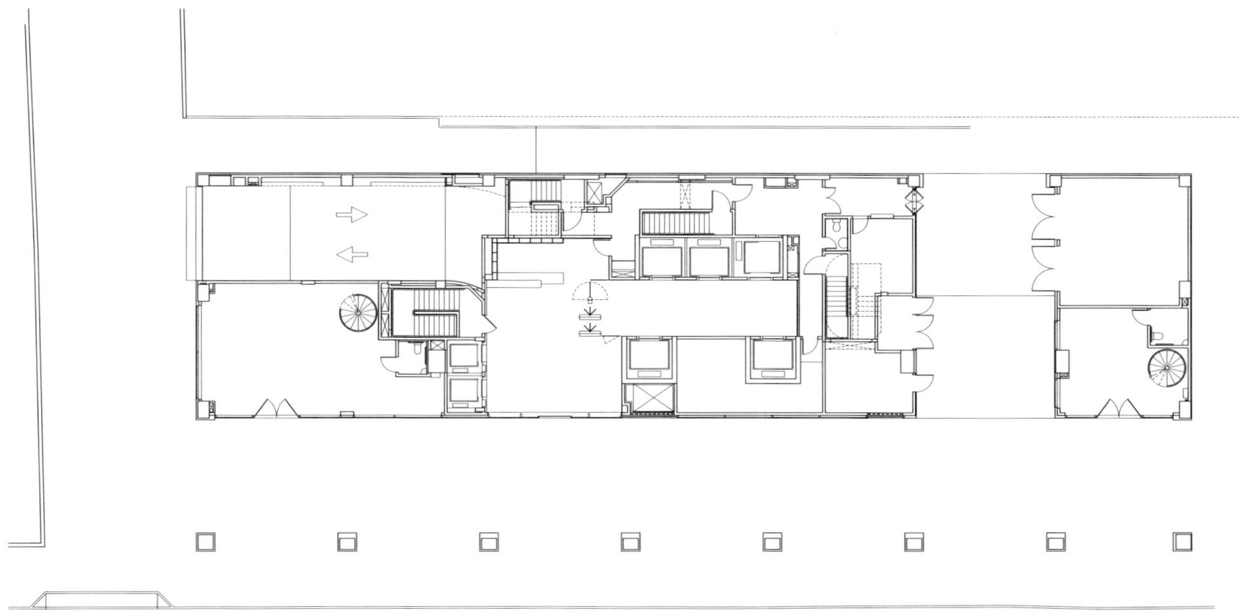

2

Planta Baixa Tipo - **4º** ao **16º** pavimento *Typical floor plans - 4th to 16th floor* **1**

Planta Baixa Térreo *Ground floor plans* **2**

Ano *Year* **2010**

Área construída *Built area* **20.820 m²**

Central
Laranjeiras
Hosp. S. Aguiar
Rodoviária
Palácio
Itamaraty
12:08

TORRE PRESIDENTE JDK 1111

PRESIDENT JDK TOWER 1111

TORRE PRESIDENTE JDK 1121

PRESIDENT JDK TOWER 1121

O conjunto dos Edifícios Corporativos 1111 e 1121, localizados na Av. Presidente Vargas, foram os últimos a ser executados, fechando os seis edifícios projetados pela Pontual Arquitetura entre a Avenida Passos e a Rua Tomé de Souza. É um projeto focado em qualidade e flexibilidade. Os dois prédios são considerados como se fossem um, batizados de Torre Presidente JDK. Assim como o edifício Virtus, que é um dos seis prédios que compõem o conjunto arquitetônico, todos têm seus volumes "definidos" segundo a legislação edilícia vigente para a Avenida Presidente Vargas.

A Torre possui uma área construída total de 51.475m², distribuída em 14 pavimentos corridos, com pé-direito mínimo de 2,70m e área de 1.328m² na torre 1121 e 1.583 m² na torre 1111, projetadas de forma tal que é possível a união dos dois prédios, resultando um pavimento único de 2.911m².

No térreo, estão localizados os *lobbies* independentes, 6 lojas com sobrelojas e acessos independentes aos estacionamentos, situados nos dois subsolos, que contemplam as 107 vagas de automóveis.

As 4 fachadas são revestidas em pele de vidro, sistema unitizado com detalhes verticais em cada pilar com altura crescente, formando uma paisagem agradável a quem transita pela avenida. O edifício foi projetado visando atender aos requisitos para certificação Leed Gold.

The set of corporate buildings 1111 and 1121, located on Presidente Vargas Avenue, were the last to be constructed of the six buildings designed by Pontual Arquitetura between Passos Avenue and Tomé de Souza Street. It is a project focused on quality and flexibility. The two buildings are considered as if they were one, named President JDK Tower. Like the Virtus building, which is one of the six buildings that make up the architectural complex, they all have their volumes "defined" according to the current municipal legislation for Presidente Vargas Avenue.

The Tower has a total built area of 51,475m², distributed along 14 open floor plans, and a minimum ceiling height of 2.70m. The 1121 tower has area of 1,328m², and the 1111 tower has area of 1,583m², designed in such a way that it is possible to unite the two buildings, resulting in a single floor of 2,911 m².

On the ground floor, there are the independent lobbies, 6 stores with mezzanines and independent accesses to the parking lots, located on the two basements, which contain the 107 parking spaces.

The four facades are cladded in a glass skin, a unitized system with vertical details on each pillar with increasing height, forming a pleasant streetscape to those who pass along the avenue. The building was designed to meet Leed Gold certification requirements.

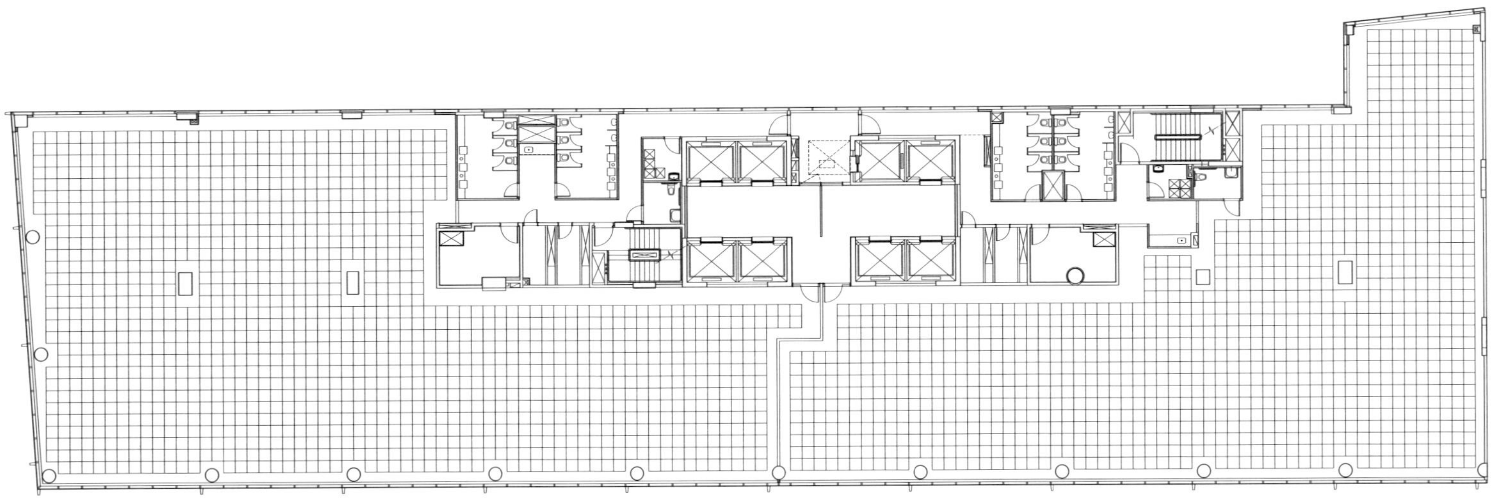

1

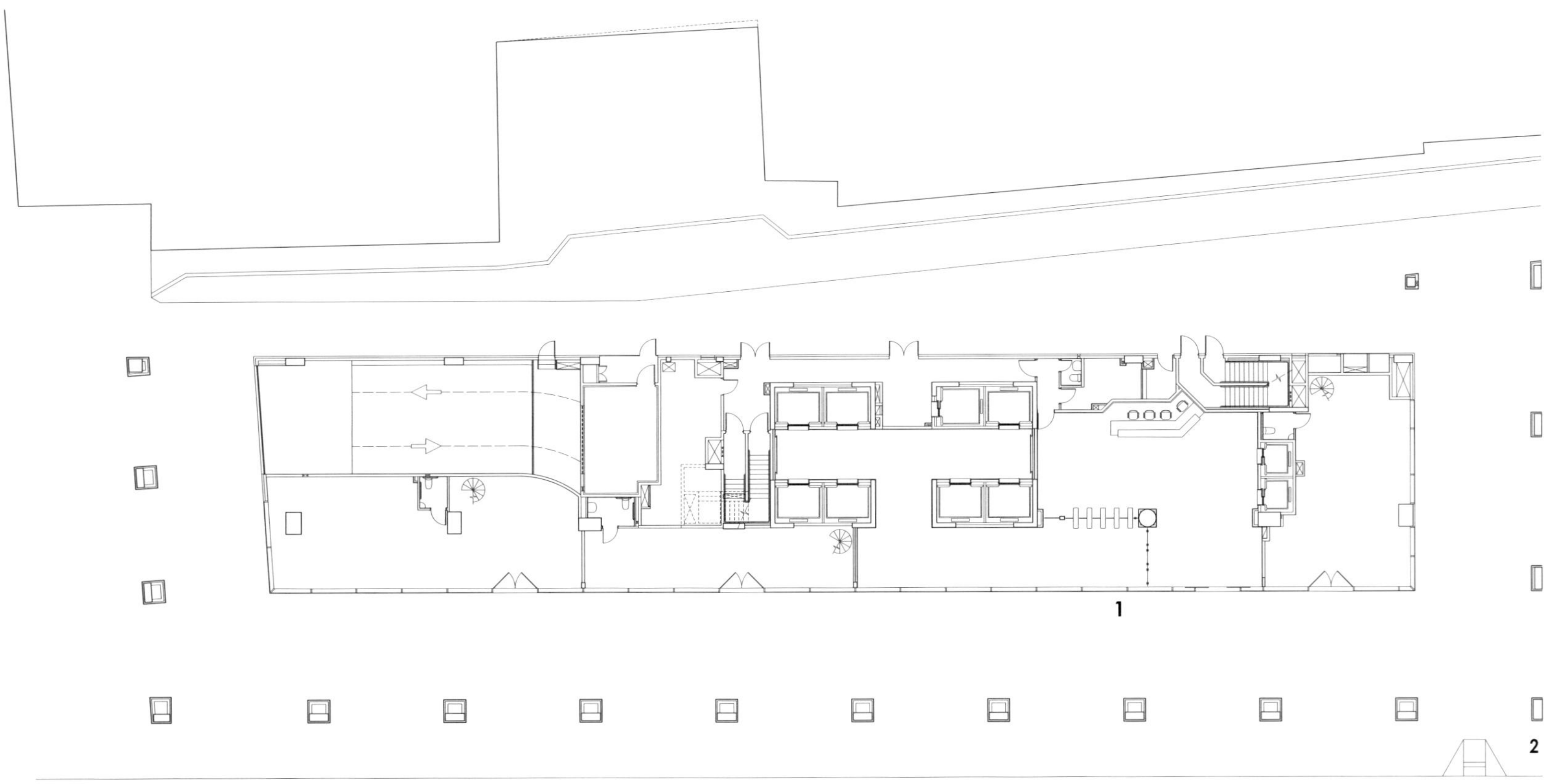

2

Planta Baixa Tipo - **3º** ao **16º** pavimento *Typical floor plan - 3rd to 16th floor* **1**
Planta Baixa Térreo *Ground floor plans* 2

Ano *Year* **2013**
Área construída *Built area* **28.020 m²**

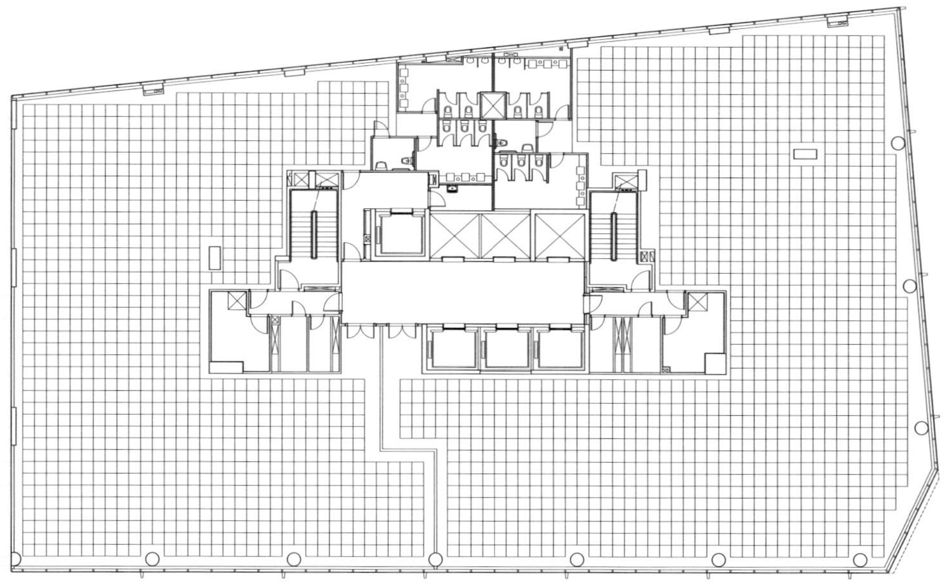

1

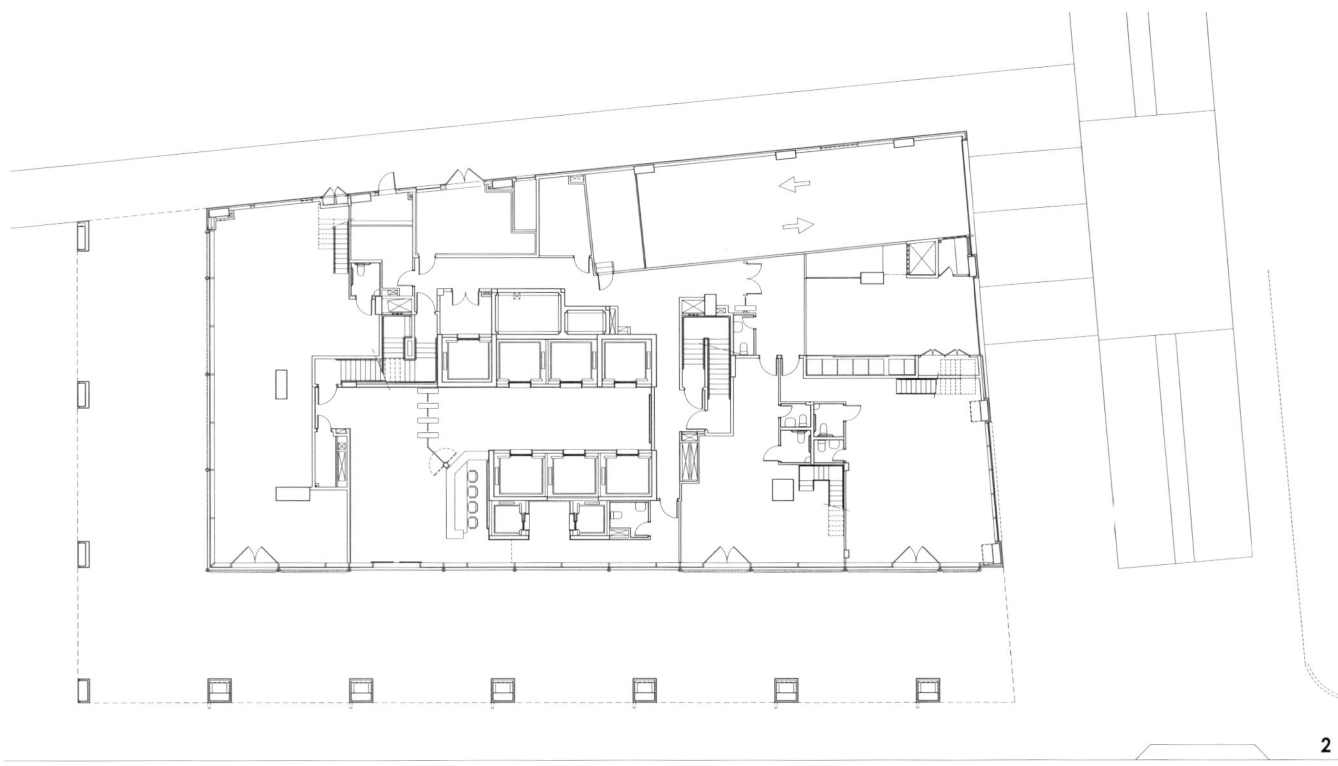

2

Planta Baixa Tipo - **6º** pavimento *Typical floor plan - 6th floor* **1**

Planta Baixa Térreo *Ground floor plan* 2

Ano *Year* **2013**

Área construída *Built area* **23.475 m²**

TORRE 1° DE MARÇO
1° DE MARÇO TOWER

Com sua fachada principal na Rua Primeiro de Março, no Centro do Rio de Janeiro, e tendo suas fachadas laterais na Rua Buenos Aires e na Rua do Rosário, o edifício Primeiro de Março é uma construção que se incorpora às fachadas antigas preservadas dos prédios vizinhos, tanto pela Rua Buenos Aires como pela Rua do Rosário, mantendo a característica do conjunto arquitetônico.

Seguindo as exigências do Iphan/DGPC de que o prédio antigo, esquina da Rua do Rosário com a Rua Primeiro de Março, fosse mantido na sua volumetria, como parte da nova edificação, uma nova tratativa com os técnicos responsáveis pelo Iphan/DGPC foi realizada, e propôs-se uma solução já utilizada na Europa: deveríamos fotografar todos os elementos e adornos que compunham as fachadas, guardando os adornos menores, e só então faríamos a demolição, preservando intacto o trecho correspondente ao pavimento térreo.

A edificação que daí surgiu já tinha seus primeiros pavimentos destinados a um grande banco brasileiro; o térreo, a sobreloja e os dois pisos seguintes se interligam com escadas e elevadores independentes, gerando uma grande infraestrutura bancária. Só a partir do 5° pavimento o edifício resta autônomo para outros usuários, cuja utilização foi prevista para um só ocupante por pavimento. O pavimento de uso comum, localizado no nível do último pavimento do edifício preservado, é destinado a serviços diversos, para todos os usuários. Sobre o PUC, temos mais 8 pavimentos com dimensões menores, porém compensadas com vistas deslumbrantes da Baía de Guanabara.

A região onde se encontra o edifício fica próximo ao Centro Histórico do Rio. Antes do início da obra, arqueólogos fizeram escavações no local, encontrando peças (cerâmicas, cachimbos e fogões) do século XVI e ruínas de uma antiga loja de compra e venda de escravos, além de estruturas do que poderia ter sido a casa onde morou Salvador de Sá, terceiro governador da cidade e um dos responsáveis pelo desenvolvimento do Rio de Janeiro.

With its main facade on Primeiro de Março Street, in downtown Rio de Janeiro, and with its side facades on Buenos Aires and on Rosário Street, the Primeiro de Março building is incorporated into the preserved old facades of the neighboring buildings , both by Buenos Aires and Rosário Street, maintaining the characteristic of the architectural complex.

According to the requirements of Iphan / DGPC, that the old building at the corner of Rosário and Primeiro de Março streets maintained its volume, as part of the new building, a new deal with the technicians responsible for Iphan / DGPC was carried out, and it was proposed a solution already used in Europe: we should photograph all the facade elements and adornments, preserving the smaller adornments, and only then we would do the demolition, preserving intact the stretch corresponding to the ground floor.

The building that emerged already had its first floors intended for a large Brazilian bank; the ground floor, the mezzanine and the next two floors interconnected with stairs and independent elevators, generating a large banking infrastructure. Only from the 5th floor the building remains autonomous for other users, where the use was foreseen for a single occupant per floor. The common use floor, located in the level of the last floor of the preserved building, is destined to several services, for all the users. About the Common Area Floor, we have another 8 floors with smaller dimensions, but with breathtaking views of Guanabara Bay.

The region where the building is located is near the Historic Center of Rio de Janeiro. Before the construction began, archaeologists excavated the site, finding pieces (ceramics, pipes and stoves) from the 16th century and ruins of an old shop for the purchase and sale of slaves, as well as structures of what could have been the house where lived Salvador de Sá, the city's third governor and one of the developers of Rio de Janeiro.

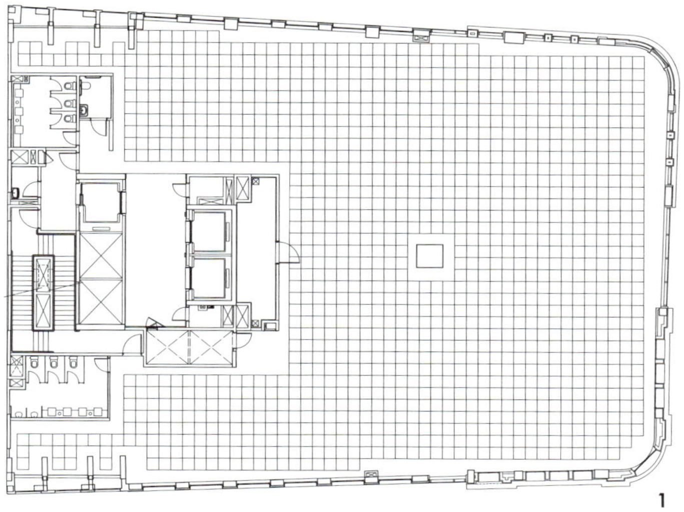

1

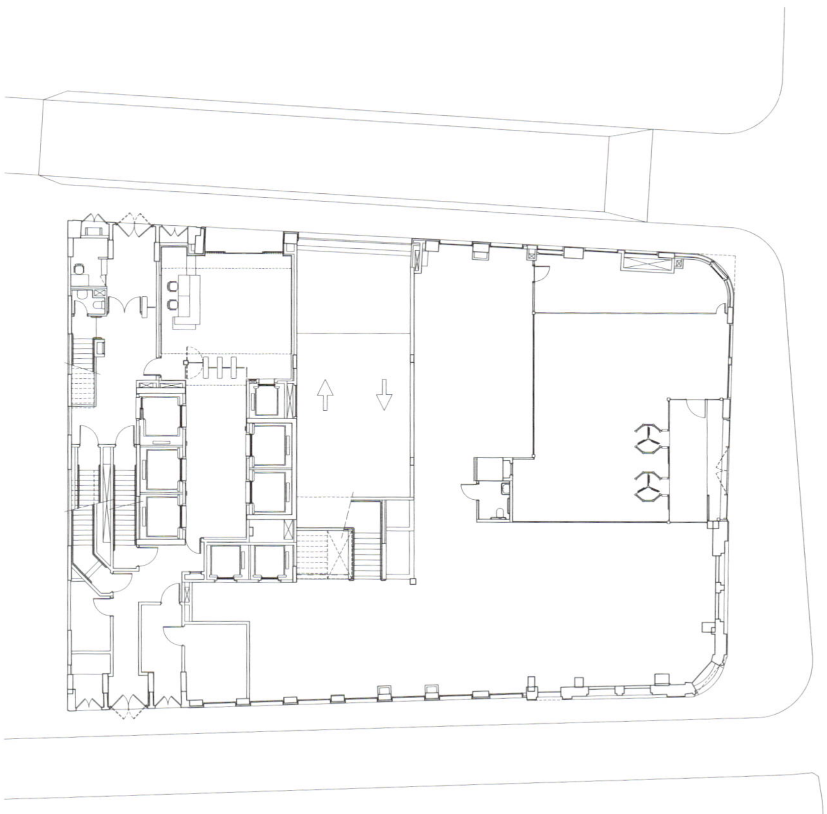

2

Planta Baixa Tipo - **5º** pavimento *Typical floor plans - 5th floor* **1**

Planta Baixa Térreo *Ground floor plans* **2**

Ano *Year* **2016**

Área construída *Built area* **16.943 m²**

EDIFÍCIO BRASIF
BRASIF BUILDING

O Edifício Brasif foi construído em um terreno com área de 3.500m², na esquina da Av. Ataulfo de Paiva com a Av. Afrânio de Melo Franco, no Leblon, região conhecida como das mais nobres do famoso bairro. O projeto foi executado já contando com o cliente final, a empresa Brasif.

O edifício tem uma forma peculiar, e faces do seu volume têm parentesco com o Ed. Birmann 31, cujas dobraduras nas fachadas de vidro formam vincos inclinados quase verticais e irregulares, dando ao edifício uma identidade própria e inusitada, fortemente marcante. O volume final do edifício foi decorrente também de um desejo peculiar do proprietário, que gostaria de ter seus escritórios no último pavimento, para que, desse nível, tivesse livre visão da praia. A partir daí seria fundamental que o edifício atingisse a cota máxima permitida pela legislação. Isso posto, o projeto definiu os pavimentos dos escritórios com altura de 3,95m, de piso a piso, cerca de 90cm a mais do que prédios semelhantes na região. Assim, atendemos o cliente, que, do seu pavimento, pode descortinar o mar.

O edifício tem altura total de 39,95m. No térreo ficam os acessos de pedestre e de automóveis — que contam com 2 elevadores para autos, distribuindo as vagas por 2 subsolos e 3 pavimentos de garagem. Entremeando os 3 pavimentos das garagens com os 7 pavimentos dos escritórios, existe 1 pavimento com 4,30m de altura, correntemente chamado de pavimento de uso comum, para uso diverso, vestiários, salas de reuniões etc.

Para interligar todos os pavimentos, existem 3 elevadores de passageiros e os 2 elevadores já citados para garagem, como complementação do core. A escada que interliga todos os pisos é pressurizada e, portanto, de segurança.

O grande volume do prédio é praticamente todo em vidro laminado de segurança, e os volumes outros são de granito.

The Brasif Building was built on a 3,500m² lot, on the corner of Ataulfo de Paiva Avenue with Afrânio de Melo Franco Avenue, in Leblon, a region known as the noblest of this famous neighborhood. The project was executed specially for the final customer, the company Brasif.

The building has a peculiar shape, and the faces of its volume are related to Birmann 31 building, whose pleated glass facades form almost vertical and irregular creases, giving the building its own and unusual identity, strongly striking. The final volume of the building was also due to a peculiar desire of the owner, who wanted his offices on the last floor so that, from this level, he would have a clear view of the beach. From then on it would be essential for the building to reach the maximum dimension allowed by the legislation. That said, the project defined the office floors with a ceiling height of 3.95m, from floor to floor, about 90cm more than similar buildings in the region. Thus, we met the client's needs, who, from his floor, could unveil the sea.

The building has total height of 39.95m. On the ground floor are the pedestrian and car accesses—which have 2 car elevators, distributing the parking spaces through 2 basements and 3 garage floors. Between the 3 floors of the garages with the 7 floors of the offices, there is a floor with a ceiling height of 4.30 m, commonly called common use floor, for various uses, changing rooms, meeting rooms, etc.

To interconnect all floors, there are 3 passenger elevators and the 2 elevators already mentioned for the garage, to complete the core. The stairway that interconnects all floors is pressurized and therefore for safety.

The large volume of the building is almost all in laminated safety glass, and the other volumes are in granite.

COMPUTER AREA
FAN COIL - (CLASSROOM)
SCHOOL AREA
NATURAL GREY EXPOSED CONCRETE
BROWN GLASS / BROWN ALUMINIUM FRAME
WHITE PAINTED EXPOSED CONCRETE
ADMINISTRATION AREA
AUDITORIUM
ENTRANCE
EDUCATIONAL BLOCK SOUTH EAST ELEVATION

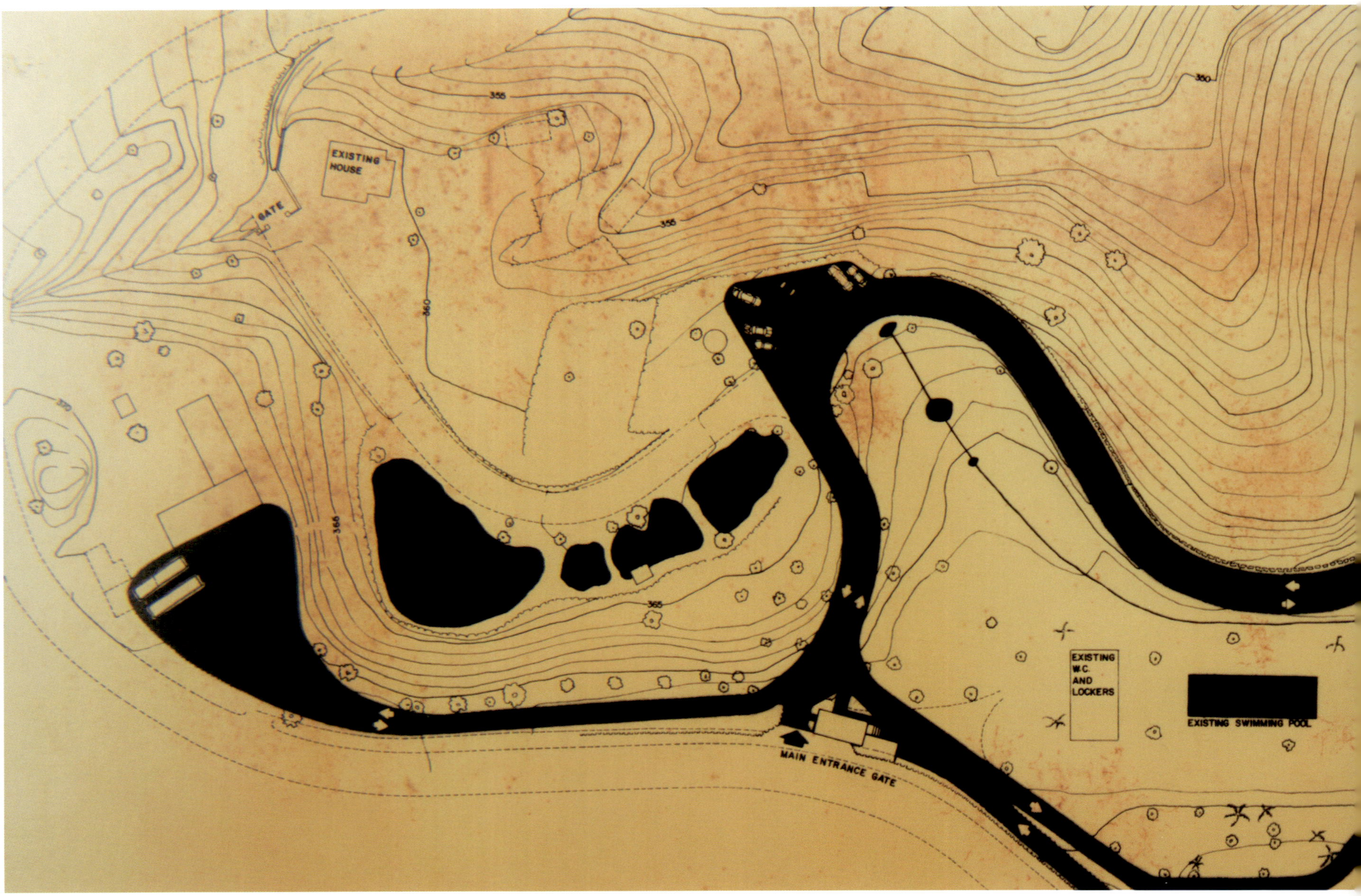
EXISTING HOUSE
GATE
355
360
365
EXISTING W.C. AND LOCKERS
EXISTING SWIMMING POOL
MAIN ENTRANCE GATE

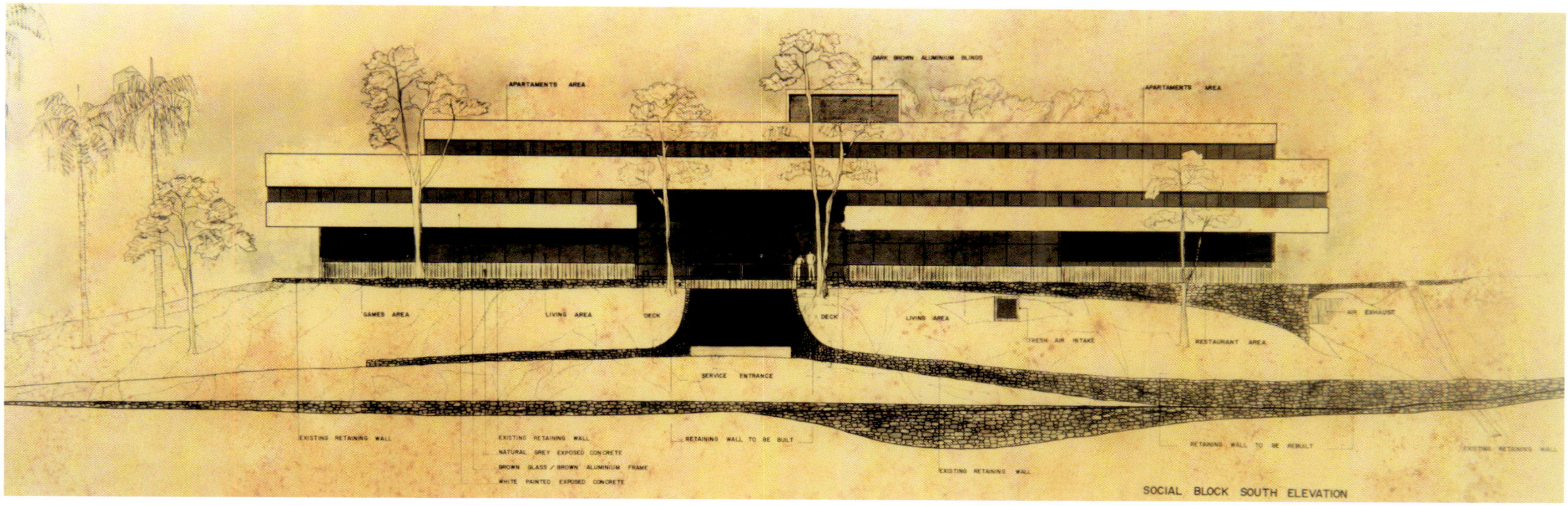
DARK BROWN ALUMINIUM BLINDS
APARTAMENTS AREA
APARTAMENTS AREA
GAMES AREA
LIVING AREA
DECK
DECK
LIVING AREA
FRESH AIR INTAKE
RESTAURANT AREA
AIR EXHAUST
SERVICE ENTRANCE
EXISTING RETAINING WALL
EXISTING RETAINING WALL
NATURAL GREY EXPOSED CONCRETE
BROWN GLASS / BROWN ALUMINIUM FRAME
WHITE PAINTED EXPOSED CONCRETE
RETAINING WALL TO BE BUILT
EXISTING RETAINING WALL
RETAINING WALL TO BE REBUILT
EXISTING RETAINING WALL
SOCIAL BLOCK SOUTH ELEVATION

EDUCATIONAL BLOCK
FOREST
FOREST
RECEPTION
SOCIAL BLOCK
365
370
375
380
385
390
395
400

EDIFÍCIO WHITE MARTINS

WHITE MARTINS BUILDING

O projeto deste edifício foi elaborado pela Pontual e desenvolvido, logo após a morte do Artur Lício, um dos fundadores da Pontual. Construído no final dos anos 70, o edifício White Martins, hoje chamado de MV9, foi executado para abrigar a nova sede da White Martins. Por influência do arquiteto Lucio Costa, na época o principal executivo do Iphan, e coincidindo com o desejo da diretoria, a Pontual manteve um trecho restaurado do antigo edifício, onde se originou a empresa, como acesso principal à sua nova sede. Esse local deu continuidade ao endereço da rua Mayrink Veiga, 9.

O edifício está localizado num dos mais importantes centros corporativos do Rio de Janeiro, ao lado da Casa da Moeda e a poucos passos da Avenida Rio Branco. Tem como conceito o mesmo princípio estrutural do Edifício do Banco do Brasil, também projetado por Pontual, em que as vigas moduladas em 125 centímetros transversalmente ao salão se conectam com pilaretes, salientes e periféricos, assumindo também o papel de brises verticais, permitindo ainda que o espaço destinado aos escritórios resultasse numa grande área livre de pilares.

Esse edifício com 100 metros de altura abriga 28 pavimentos tipo com 600m², 1 subsolo e 1 pavimento técnico entre o embasamento e a torre. A circulação vertical é feita por 6 elevadores, em 2 zonas com 3 elevadores cada. Um elevador para serviço e carga e 1 escada centralizada pressurizada atendem a todos os pavimentos.

O ar condicionado usa um sistema de água gelada com o insuflamento nos pavimentos através de *fan-coils* centralizados em cada andar.

The building was designed and developed by Pontual, soon after the death of Artur Lício, one of the founders of Pontual Arquitetura. Built in the late 1970s, the White Martins building, now called MV9, was intended to house the new White Martins headquarters. Under the influence of the architect Lucio Costa, Iphan's chief executive at the time, in coincidence with the desire of the board, Pontual maintained a restored part of the old building, where the company originated, as a main access to its new headquarters. This place continued to the address on Mayrink Veiga Street, 9.

The building is in one of the most important corporate centers of Rio de Janeiro city, next to the Casa da Moeda (the Brazilian mint) and a few steps from Rio Branco Avenue. The concept is the same structural principle of the Banco do Brasil Building, also designed by Pontual, in which the 125cm modulated beams across the hall are connected with protruding and peripheral small pillars, acting as vertical brise soleil, allowing the office space to result in a large pillar-free area.

This building with 100 meters of height houses 28 reference floor plans with 600m², 1 basement and 1 technical floor between the basement and the tower. The vertical circulation is made by 6 elevators, in 2 zones with 3 elevators each. A service and cargo elevator and a central pressurized staircase serve all floors.

The air-conditioning uses a chilled-water system with air-conditioner ducts through fan-coils centralized on each floor.

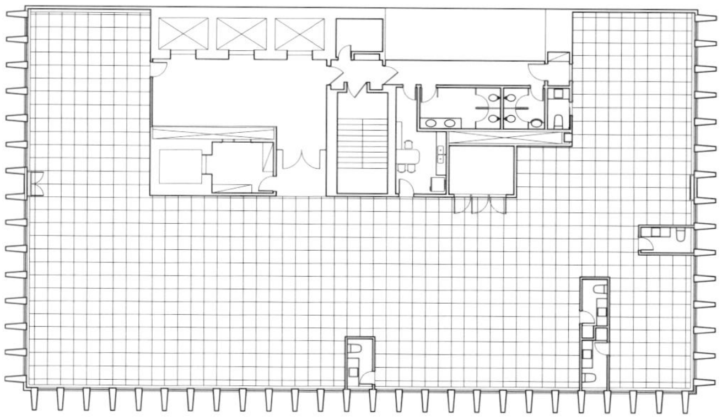

1

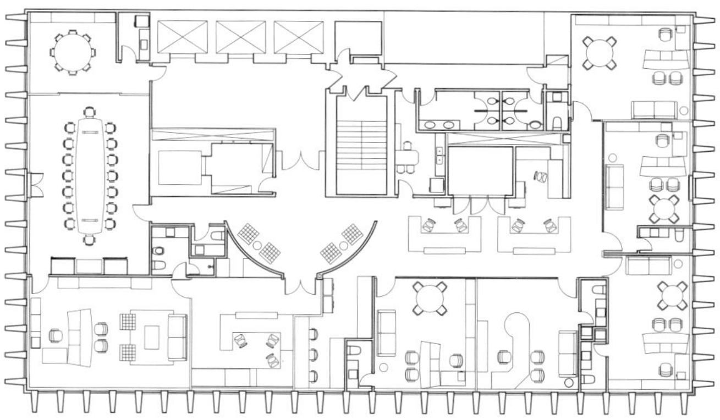

2

Planta Baixa Tipo *Typical floor plan* **1**

Planta Baixa Tipo - **27º** pavimento *Typical floor plan - 27th floor* **2**

Ano *Year* **1975**

Área construída *Built area* **25 mil m²**

EDIFÍCIO BIRMANN 31
BIRMANN 31 BUILDING

O Edifício Birmann 31 está implantado em um terreno de aproximadamente 5.170m², no cruzamento das avenidas Brigadeiro Faria Lima e Juscelino Kubitschek, um dos eixos mais valorizados da cidade de São Paulo. Com cerca de 21.000m² de área construída, possui 3 subsolos, totalizando 576 vagas e 15 pavimentos, sendo 13 andares tipo com áreas de escritório de até 1.385m².

O arquiteto da Skidmore, Owings & Merrill – S.O.M. de New York, que participou da concepção original, define o prédio Birmann 31 como "uma joia de vidro prateado emergindo de uma pedra bruta".

O edifício 31 está integrado a um elaborado projeto paisagístico, e sua torre possui um design inovador, com composição de formas harmônicas que variam de textura e material. A fachada com vista para a av. Juscelino Kubitschek é composta de grelhas de granito com vidros recuados. No intuito de aumentar a sua verticalidade, as aberturas são menores no embasamento e vão sendo ampliadas à medida que os pavimentos vão ficando mais altos. Acima dessa grelha, pode-se perceber o volume de vidro multifacetado, que é um dos marcos do edifício. A fachada da Av. Brigadeiro Faria Lima é composta por pele de vidro em diferentes planos, formando um prisma, o que leva a um contraste entre ambas. O prédio possui, ainda, na parte inferior da fachada voltada para a Av. Juscelino Kubitschek, um recorte surpreendente, que causa um efeito similar ao produzido por todas as fachadas. Devido a essa complexidade, só foi possível executar o projeto desenhando todas as plantas em 3-D.

O *lobby* do edifício traz o tema do vidro facetado para o interior, explorando-o de maneira mais colorida no revestimento das paredes, com forro em ripado de madeira e piso em granito. O espaço é uma agradável surpresa para quem entra.

The Birmann 31 Building is located on a lot of approximately 5,170m², at the intersection of Brigadeiro Faria Lima and Juscelino Kubitschek avenues, one of the most valued corners of São Paulo. With about 21,000m² of built area, it has 3 basements, totaling 576 parking spaces and 15 floors, 13 of which are typical floor plans with office areas of up to 1,385m².

The architect of Skidmore, Owings & Merrill - S.O.M. of New York, who participated in the original conception, defines the Birmann 31 building as "a silver glass gem emerging from a rough stone."

Building 31 is integrated into an elaborate landscape design, and its tower has an innovative design, a composition of harmonic forms that vary in texture and material. The facade facing Juscelino Kubitschek Avenue is composed of gridded granite with recessed glass. In order to increase its verticality, the openings are smaller in the base and grow larger as the floors become taller. Above this grid, one can see the multifaceted glass volume, which is one of its features. The facade on Brigadeiro Faria Lima Avenue is composed of glass skin in different planes forming a prism, which leads to a contrast between the two. The building also has, at the bottom of the façade facing Juscelino Kubitschek Avenue, amazing openings, which have an effect similar to that produced by all facades. Due to this complexity, it was only possible to execute the project by designing all plans in 3-D.

The building lobby features the faceted glass theme in the interior, exploring it more colorfully in the cladding of the walls, with wood batten lining and granite flooring. The space is a pleasant surprise for those who enter.

Brooklin
Indianópolis
Marq. Pinheiros
Morumbi

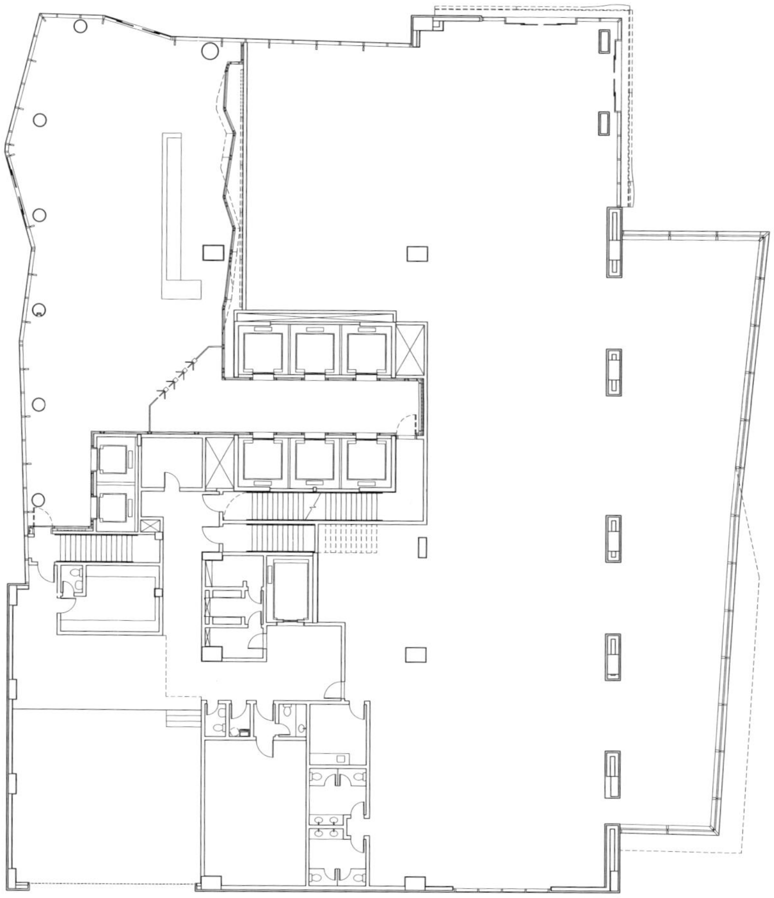

1

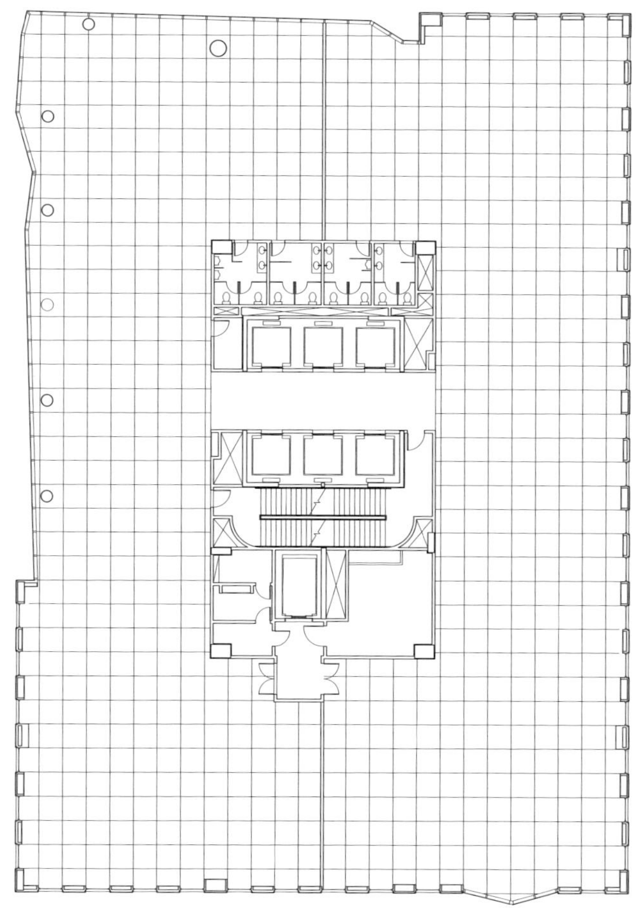

2

Planta Baixa Tipo - 8º pavimento *Typical floor plan - 8th floor* **1**

Planta Baixa Térreo *Ground level plans* **2**

Ano *Year* **2000**

Área construída *Built area* **21mil m²**

EDIFÍCIO BIRMANN 29

BIRMANN 29 BUILDING

O Birmann 29 foi, segundo a Birmann, o primeiro empreendimento viabilizado pela operação Nova Faria Lima, resultado do prolongamento da Av. Faria Lima, no bairro paulistano de Pinheiros. Com 45.700m² de área total construída, 15 pavimentos, área útil de 1.380m² de escritórios por pavimento, 1 piso técnico que concentra casa de máquinas dos elevadores, do ar condicionado, exaustão etc. e ainda 5 subsolos, onde se situam os estacionamentos, o Birmann 29 foi impulsionado pela decisão de um grande banco estrangeiro, que, ocupando do 11° ao 15° pavimento, influenciou a divisão do prédio em 2 zonas: a zona alta, com as áreas do banco, e a zona baixa, para outros ocupantes. As 2 zonas foram absorvidas pelo esquema dos elevadores.

A concepção original foi do escritório norte-americano Skidmore, Owings & Merril – NY, ficando a Pontual Arquitetura responsável pelo desenvolvimento dos projetos executivos e pela coordenação dos projetos complementares. Aqui também o banco teve enorme influência: a escolha do granito cinza das fachadas foi sua exigência, tendo sido esse granito importado da Espanha, o mesmo utilizado nas sedes do banco em Paris e em Londres.

O Birmann 29 dispõe de 7 elevadores sociais, dos quais 3 são de uso exclusivo do banco. O edifício tem ainda 1 elevador de serviço e outros 2, para interligar os subsolos ao térreo, onde estão as garagens. Assim, todos os usuários das garagens terão que passar pela recepção no térreo, maximizando a segurança.

Ainda por exigência do banco, as instalações técnicas foram superdimensionadas, pois o funcionamento durante as 24 horas por dia foi determinado como fundamental. Assim, mesmo que porventura venha a acontecer um *blackout* na cidade, os geradores terão capacidade de manter todos os sistemas do banco, sem exceção, por até 72 horas.

The Birmann 29 was, according to the Birmann company, the first development made possible by the Nova Faria Lima operation, a result of the extension of Faria Lima Avenue, in the São Paulo neighborhood of Pinheiros.
The building has 45,700m² of total built area, 15 floors, net internal area of 1,380m² of offices per floor, 1 technical floor that concentrates machine room of elevators, air-conditioning, ventilation system etc., and also 5 basements, where the parking is located. The Birmann 29 was supported by the decision of a large foreign bank, which, occupying from the 11th to the 15th floor, influenced the division of the building into two zones: the upper zone, with the areas of the bank, and the lower zone, for other occupants. The 2 zones were absorbed by the scheme of the elevators.

The original concept was from the North American firm Skidmore, Owings & Merril - NY, with Pontual Arquitetura responsible for the development of executive designs and for the coordination of the complementary designs. Here too the bank had an enormous influence: the choice of the gray granite of the facades was its demand, being this granite imported from Spain, the same one used in the headquarters of the bank in Paris and in London.

The Birmann 29 has 7 social elevators, of which 3 are for the exclusive use of the bank. The building also has a service elevator and 2 others, to interconnect the basements to the ground floor, where the garages are. So all garage users will have to go through the reception on the ground floor, maximizing safety.

Still at the bank's request, the technical installations were oversized, since operation during the 24 hours a day was determined as fundamental. So, even if a blackout happens in the city, the generators will be able to maintain all the systems of the bank, without exception, for up to 72 hours.

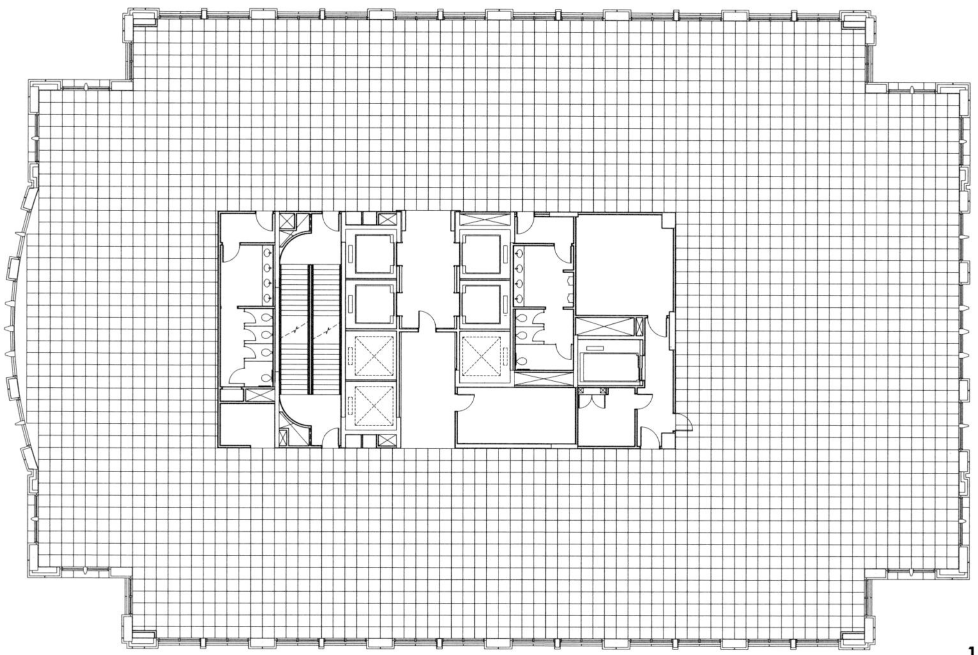

1

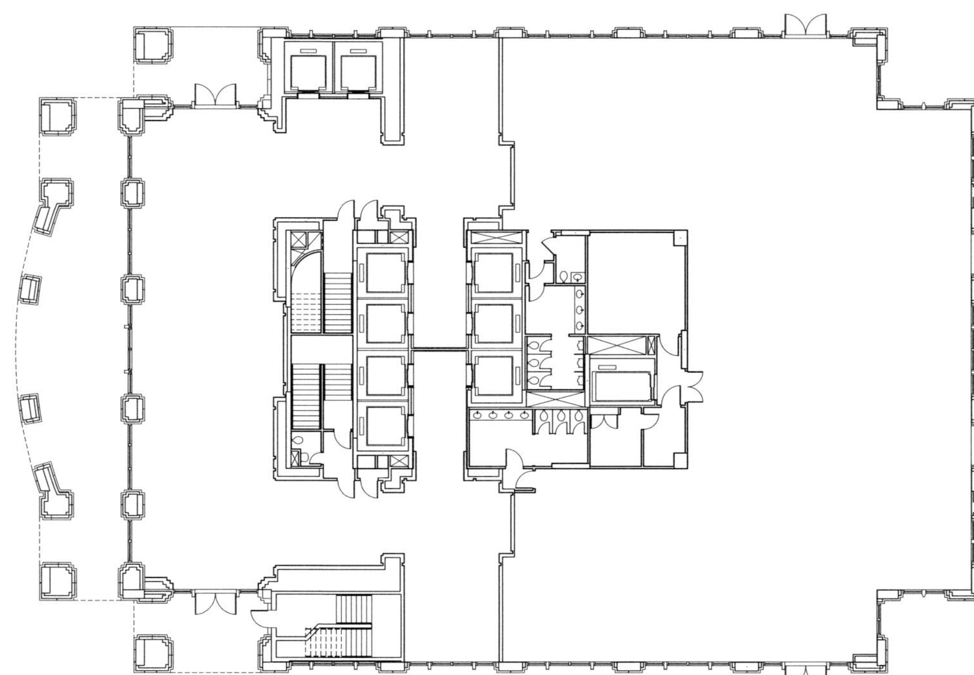

2

Planta Baixa Tipo - **10º** pavimento *Typical floor plan - 10th floor* **1**

Planta Baixa Térreo *Ground level plans* **2**

Ano *Year* **1998**

Área construída *Built area* **45.700 m²**

EDIFÍCIO BIRMANN 23

BIRMANN 23 BUILDING

O edifício Birmann 23 consolidou uma série de modernos edifícios de escritórios horizontais projetados pela Pontual Arquitetura para o São Paulo Office Park, um conjunto arquitetônico diferenciado situado próximo à marginal do Rio Pinheiros. O projeto buscou preservar a escala local e a qualidade ambiental do entorno. O prédio tem 169 vagas e 8.980m² de área construída, distribuídos em 5 pavimentos, sendo 1 subsolo, térreo e 3 andares tipo, ocupando somente 15% da área do terreno — os 85% restantes receberam um excelente tratamento paisagístico.

O projeto do edifício Birmann 23 teve sua forma definida pela disposição do prédio junto à divisa, de maneira a formar uma grande praça, proporcionando boa insolação para a maior fachada, que é a principal. Essa fachada foi projetada com grelhas estruturais e vãos de 7,50m. O prédio foi desenvolvido em 2 retângulos, onde ficam os escritórios, interligados por uma "rótula", a qual abriga o core que determina a angulação entre os "blocos" de escritórios. Nessa união, além do core, encontra-se, também, um átrio que vaza os pavimentos, dando uma visão diferente ao projeto. No vazio desse átrio, com pé-direito duplo, 2 pilares ladeiam a marquise metálica. Sobre esses pilares, ocupando a altura de mais 2 pavimentos, temos uma grande superfície curva de vidro refletido marcado horizontalmente com perfis metálicos.

O pé-direito simples da marquise convida o usuário a entrar no *hall* de pé-direito duplo, onde se encontra uma escada metálica que sobe por todo o ático de pé-direito quádruplo. O piso do ático é em granito desenhado geometricamente, e as paredes laterais foram recobertas com lâminas de madeira.

The Birmann 23 has consolidated a series of modern horizontal office buildings designed by Pontual Arquitetura for the São Paulo Office Park, a differentiated architectural complex located near the Rio Pinheiros riverfront. The project sought to preserve the local scale and environmental quality of the surroundings. The building has 169 parking spaces and 8,980m² of built area, distributed along 5 floors, one of which is a basement, one ground floor and 3 typical floor plans, occupying only 15% of the land area—the remaining 85% received an excellent landscape treatment.

The design of the Birmann 23 building had its shape defined by the layout of the building next to the lot boundary, so as to form a large square, providing good sunlight for the largest façade, which is the main one. This façade was designed with structural grids and spans of 7.50m. The building was developed in 2 rectangles, where the offices are located, interconnected by a "bearing", which shelters the core that determines the angulation between the office "blocks". In this connection, besides the core, there is also an atrium that opens the floors, giving a different view to the project. In the emptiness of this atrium, with double height ceilings, 2 pillars flank the metallic marquee. On these pillars, occupying the height of another 2 floors, we have a large curved surface of reflected glass marked horizontally with metallic structures.

The simple marquee ceiling height invites the user to enter the double height ceiling hall, where a metal staircase rises throughout the attic with a quadruple height ceiling. The attic floor is designed in geometrical granite, and the side walls have been covered with wood veneer sheets.

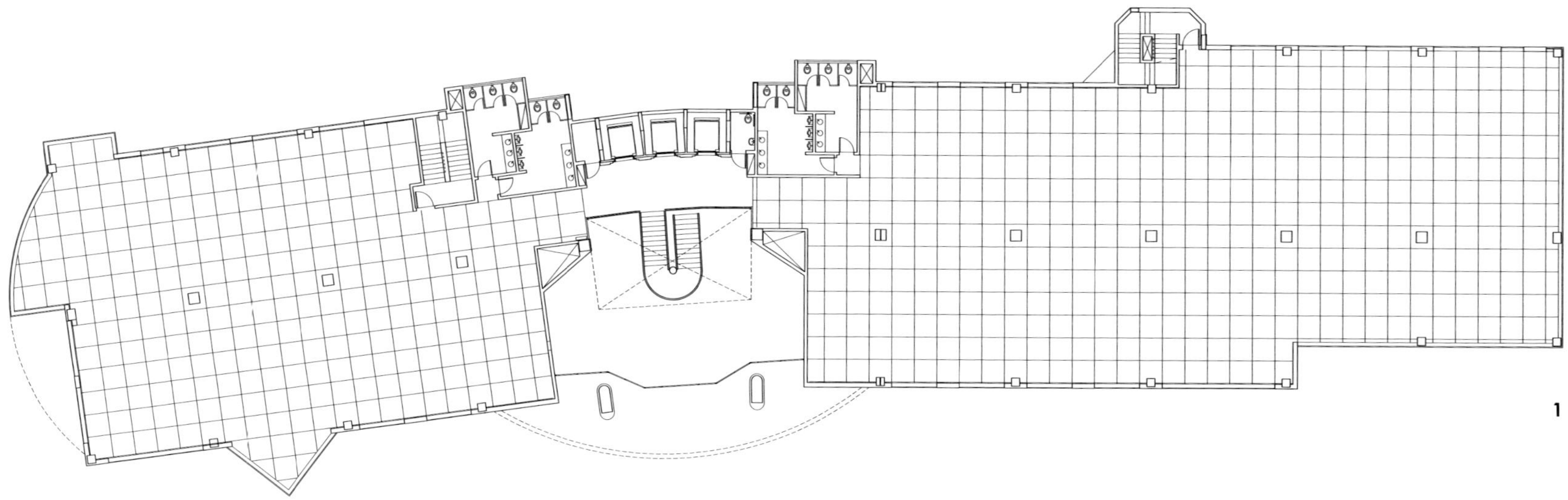

1

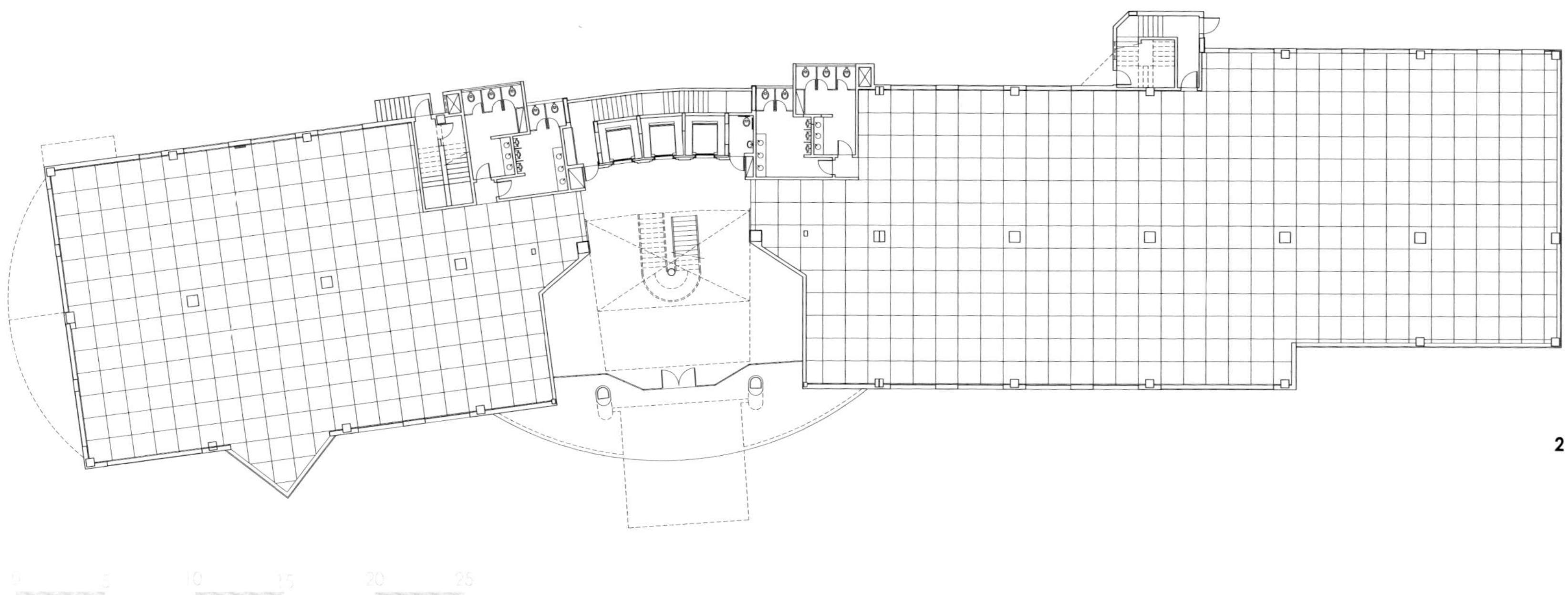

2

Planta Baixa Tipo - **2º** pavimeto *Typical floor plans - 2nd floor* **1**
Planta Baixa Térreo *Ground level plans* **2**

Ano *Year* **1995**
Área construída *Built area* **8.980 m²**

EDIFÍCIO BIRMANN 8
BIRMANN 8 BUILDING

O Edifício Birmann 8, hoje chamado de Aron Birmann, está localizado na Marginal Pinheiros, esquina com a rua Alexandre Dumas, e faz parte do conjunto São Paulo Office Park, que contém 6 edificações projetadas pela Pontual Arquitetura.

Originalmente ocupado pela matriz do Deutsche Bank no Brasil, esse edifício é basicamente composto por 2 blocos com formas octogonais que se interligam, formando um volume único, visualmente retangular e com seus cantos chanfrados. Erguido em um terreno quadrado, abrangendo uma área de aproximadamente 8.000m², esse bloco único foi implantado em diagonal, possibilitando, a quem circula pela Marginal, a visualização deste prédio como um grande "outdoor".

A sua disposição em diagonal no terreno atingiu o objetivo de sobressair no entorno, mas sacrificou a sua orientação ideal, com relação à incidência solar. Corrigindo essa carga solar aumentada, a Pontual Arquitetura projetou grelhas revestidas de granito na face leste e na face oeste, reduzindo, assim, a superfície de vidro e, consequentemente, a carga térmica incidente.

Os 9 pavimentos do edifício são acessados por meio de 4 grandes elevadores entremeados 2 a 2 por 1 escada em vidro, que interligam os blocos octogonais. Há, no centro de cada bloco, escadas pressurizadas e sanitários coletivos. A majestosa escada em semicírculo entre o oitavo e o nono pavimento é margeada, em toda a sua extensão, por uma grande parede de tijolos de vidro transparente, que nasce no piso do oitavo e finaliza no teto do nono pavimento. Esse formidável painel de tijolo de vidro filtra os raios solares matinais e permite uma luminosidade verdadeiramente aconchegante, além de fornecer, para quem o visualiza externamente, forte identidade ao edifício.

The Birmann 8 Building, today called Aron Birmann, is located on the Pinheiros Riverfront, corner with Alexandre Dumas Street, and is part of the São Paulo Office Park complex, which contains 6 buildings designed by Pontual Arquitetura.

Originally occupied by the headquarters of the Deutsche Bank in Brazil, this building is basically composed of 2 blocks with octagonal shapes that interconnect, forming a single volume, visually rectangular and with chamfered corners. Built on a square lot, covering an area of approximately 8,000m², this single block was built diagonally, making it possible for those who circulate along the Riverfront to see this building as a great "billboard".

Its diagonal layout on the lot has achieved the goal of standing out from its surroundings, but sacrificed its ideal orientation in relation to the solar exposure. Correcting this increased sunlight, Pontual Arquitectura designed granite-clad grids on the east and west front, thus reducing the glass surface and consequently minimizing the amount of heat gained.

The 9 floors of the building are accessed by 4 large elevators interspersed 2 by 2 by a glass staircase, which interconnect the octagonal blocks. There are, in the center of each block, pressurized stairs and restrooms. The majestic semicircle stairway between the eighth and ninth floors is enclosed along its length by a large wall of transparent glass bricks, which rises from the bottom of the eighth floor to the top of the ninth floor. This formidable glass brick panel filters out the sun's morning rays and allows a truly pleasant luminosity, and provides a strong identity to the building for those who see it externally.

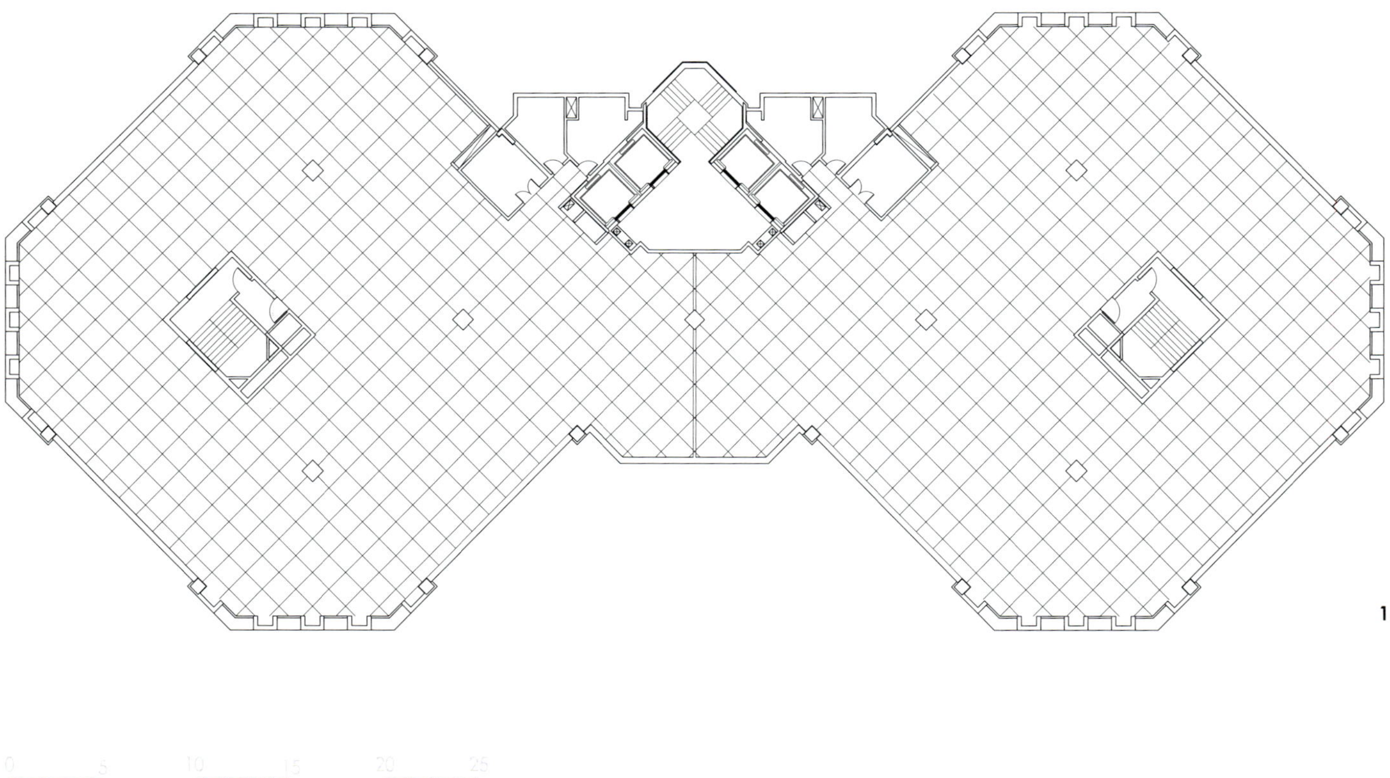

Planta Baixa Tipo *Typical floor plan* **1**

Ano *Year* **1989**

Área construída *Built area* **25 mil m²**

EDIFÍCIO BIRMANN 20

BIRMANN 20 BUILDING

O Edifício Birmann 20 está situado na confluência da Ponte João Dias com a Avenida das Nações Unidas. Foi edificado em um terreno isolado com 12.000m², e, devido a essa dimensão do terreno, o consultor de acústica sugeriu locarmos o prédio afastado das vias no seu entorno, facilitando a redução dos ruídos resultantes dos logradouros vizinhos. Entretanto, isso deixaria o prédio escondido para aqueles que circulassem na região, o que contrariava o pretendido: a área era ainda muito pouco edificada, abrigava muitas fábricas, e seria necessário que a nova edificação, com um visual atraente e moderno, alardeasse o novo uso que se pretendia para essa região. Assim, o novo edifício foi implantado no local mais visível do terreno. Restou à acústica solucionar por meios técnicos a redução dos ruídos.

A planta principal do edifício tem a forma de um quadrado, cujos vértices externos recuam ligeiramente em direção ao centro, resultando finalmente num aspecto cruciforme.

Com 8 andares tipo de 1.350m², o edifício tem no térreo um *lobby* com recepção nobre que desfruta de um pé-direito duplo de 6,50m. Ainda nesse nível, existe espaço suficiente para abrigar 1 loja de conveniência e serviços bancários, assim como 1 grande loja interligada à recepção, dotada de acessos independentes e com autonomia total do condomínio. Um restaurante com capacidade para quinhentas refeições--dia também foi previsto. As áreas de apoio têm no grande subsolo seus espaços definidos, tais como a administração do condomínio e o almoxarifado do conjunto, grupo gerador, cabine de entrada para medição de energia e central de água gelada, além de garagem individualizada para 315 vagas. No espaço externo do terreno, no entorno do prédio, ainda existem mais 223 vagas de automóveis.

O conjunto conta ainda com 6 elevadores de alta velocidade para interligação entre os diversos pavimentos. O sistema de refrigeração central foi resolvido utilizando água gelada e *fan coils* para o insuflamento dos ambientes, rede de *sprinklers* e uma central de supervisão predial.

As fachadas em granito polido, com 2 tons avermelhados distintos, fazem um contraponto com os vidros laminados de segurança e tonalidades esverdeadas, garantindo, com esses materiais, uma beleza suave e harmônica ao conjunto.

The Birmann 20 Building is situated at the confluence of the João Dias Bridge and the Nações Unidas Avenue. It was built on an isolated lot with 12,000m² and, due to its size, the acoustics consultant suggested that the building was placed at a distance from the roads around it, thus reducing noise from neighboring streets. However, this would leave the building hidden to those who circulated in the area, which was contrary to what was intended: the area had very little buildings, with many factories, and it would be necessary for the new building, with a modern and attractive look, to announce the new intended use for that region. So, the new building was located on the most visible area of the lot. The acoustics had to solve the reduction of the noises by technical means.

The original blueprint of the building has the shape of a square, whose outer vertices recede slightly towards the center, finally resulting in a cruciform aspect.

With 8 typical floor plans with 1,350m², the building has a lobby with a noble reception on the ground floor, which has a double ceiling height of 6.50m. Still on this level, there is enough space to house 1 convenience store and banking services, as well as a large store connected to the reception, equipped with independent entrance and full autonomy from the building. A restaurant with capacity for 500 meals a day was also planned. The support areas have their spaces defined in the large basement, such as the administration of the building and the storage room, power generator, power measurement cabin and chilled-water center, and individualized garage for 315 parking spaces. In the outer space of the lot, around the building, there are still 223 parking spaces.

The complex also has 6 high-speed elevators to interconnect the various floors. The central cooling system was solved using chilled-water and fan coils to cool the environments, sprinkler network and a building supervision center.

The facades in polished granite, with 2 different reddish tones, counterpoint to the security laminated glass and greenish tones, guaranteeing, with these materials, a smooth and harmonious beauty to the complex.

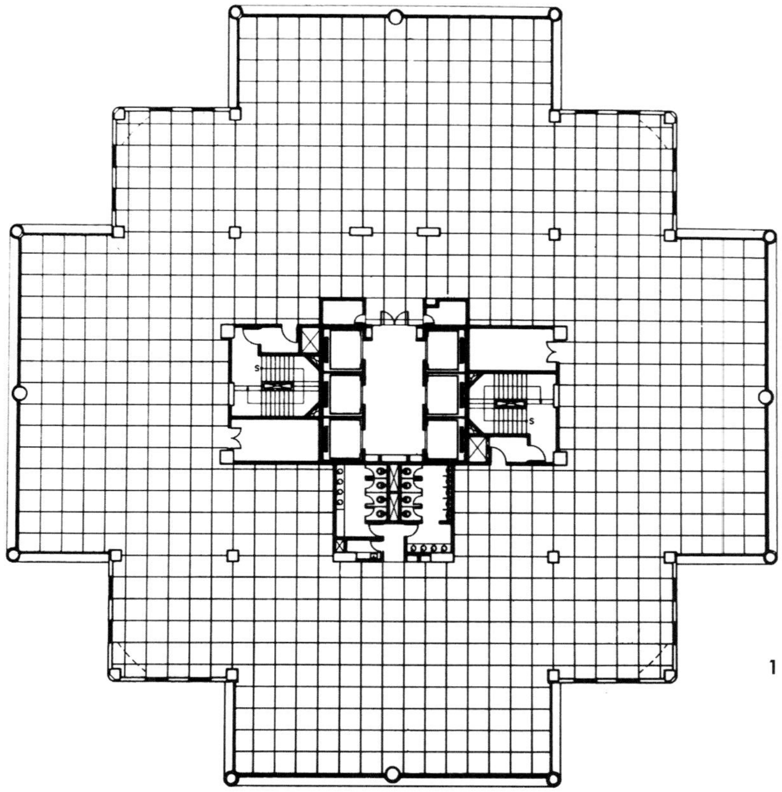

1

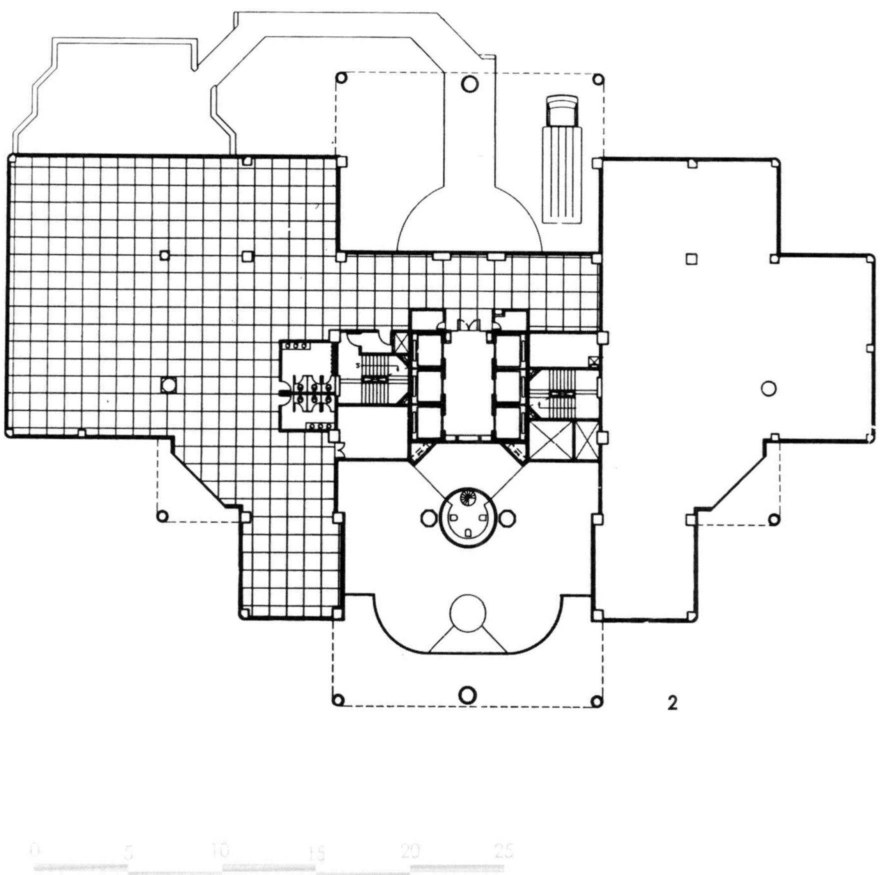

2

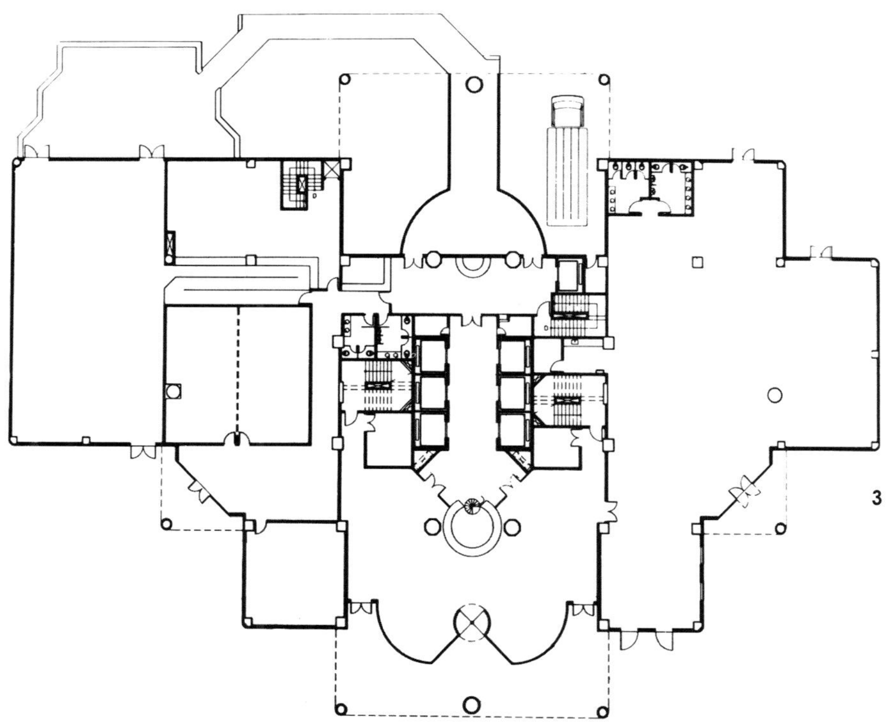

3

Planta Baixa Tipo *Typical floor plan* **1**

Planta Baixa Tipo - **1º pavimento** *Typical floor plan - 1st floor* **2**

Planta Baixa Térreo *Ground floor plans* **3**

Ano *Year* **1993**

Área construída *Built area* **29.800 m²**

EDIFÍCIO LINNEO DE PAULA MACHADO

LINNEO DE PAULA MACHADO BUILDING

Com localização privilegiada no centro do Rio de Janeiro, na Av. Almirante Barroso, esquina com a Av. Rio Branco, o Edifício Linneo de Paula Machado teve sua construção aprovada pela Prefeitura do Rio de Janeiro em outubro de 1981.

Um dos mais importantes e imponentes prédios do centro do Rio de Janeiro, com 145 metros de altura, possui 41 pavimentos, sendo 3 subsolos, 1 andar térreo, sobreloja, mais 33 andares comerciais, 3 pavimentos para equipamentos mecânicos e serviços, totalizando 60.000m² de área construída. O seu acesso se dá pela Av. Almirante Barroso, 52, onde 2 escadas rolantes interligam o pavimento térreo com a sobreloja, na qual se encontra o *lobby* principal de acesso à torre.

O edifício, na época de sua construção, foi um marco na arquitetura do Rio de Janeiro, introduzindo inovações nos sistemas de refrigeração, na segurança de acesso e no sistema de elevadores, além de ter sido durante anos o prédio mais alto da cidade.

O seu core é composto por 2 escadas corta-fogo; 14 elevadores sociais, divididos em 4 zonas; um elevador de serviço; sanitários; e compartimentos para os sistemas de ar condicionado e telemática.

With a privileged location in downtown Rio de Janeiro, on Almirante Barroso Avenue, corner with Rio Branco Avenue, the Linneo de Paula Machado Building was approved by the Rio de Janeiro City Hall in October 1981.

One of the most important and imposing buildings of downtown Rio de Janeiro, at 145 meters high, it has 41 floors, 3 basements, 1 ground floor, mezzanine, 33 business floors, 3 machine and service floors, totaling 60,000m² of built area. The main entrance is on Almirante Barroso Avenue, 52, where 2 escalators interconnect the ground floor and the mezzanine, where the main lobby that provides the access to the tower is located.

The building, at the time of its construction, was a mark of the Rio de Janeiro architecture, introducing innovations in the refrigeration systems, in the access security and in the elevator system. It was also the highest building in the city for years.

Its core consists of 2 fire escape stairs; 14 social elevators, divided into 4 zones; a service elevator; restrooms; and compartments for air-conditioning and telematics systems.

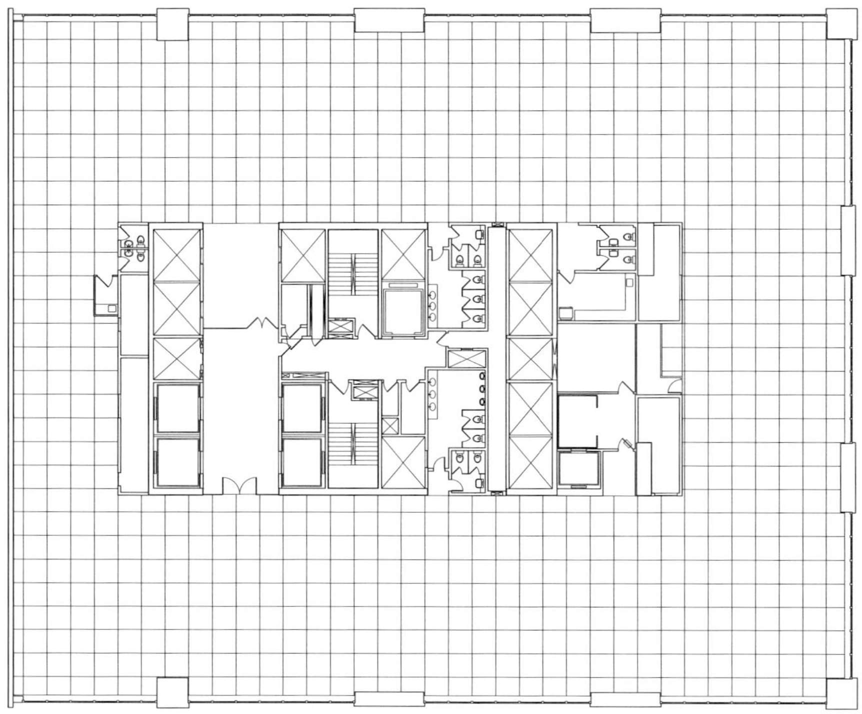

1

Planta Baixa Tipo - **4º** pavimento *Typical floor plans - 4th floor* **1**

Ano *Year* **1981**

Área construída *Built area* **60 mil m²**

EDIFÍCIO TELEPORTO

TELEPORTO BUILDING

Localizado na Av. Presidente Vargas, 3131, Cidade Nova, Rio de Janeiro, o Teleporto foi projetado num terreno de 2.750 m^2, com área total construída de 64.000m^2 e altura limitada a 63m, bem abaixo do prédio dos Correios, seu vizinho.

O prédio possui térreo, sobreloja, 19 pavimentos e 2 subsolos destinados a estacionamento. Em razão do terreno estar situado em área sujeita a inundações, o acesso ao subsolo foi feito através de rampas, projetadas de forma a impedir a entrada da água. Assim, o primeiro trecho de rampa sobe além do nível máximo das enchentes para depois descer ao subsolo, evitando assim sua inundação.

Na época do projeto, a região era estratégica sob o ponto de vista tecnológico. O nome Teleporto simbolizava que o prédio seria o "porto" para a concentração de redes de cabos de informática. Entretanto, com a chegada da internet, o uso do prédio como teleporto deixou de ter sentido, passando a ser um prédio corporativo.

Located at Av. Presidente Vargas, 3131, Cidade Nova, Rio de Janeiro, the Teleporto Building was designed on a lot of 2,750m^2, with a total constructed area of 64,000m^2 and a height limited to 63m, well below the Post Office building, its neighbor.

The building has ground floor, mezzanine, nineteen floors and two basements intended for parking. Because the lot is located in an area subject to flooding, access to the underground was made through ramps, designed to prevent water from entering. Thus, the first part of the ramp rises beyond the maximum level of the floods and then descends underground, thus avoiding its flood.

At the time of the project, the region was strategic in a technological point of view. The name Teleporto symbolized that the building would be the "port" for the concentration of networks of computer cables. However, with the arrival of the internet, the use of the building as a teleport no longer makes sense, becoming a corporate building.

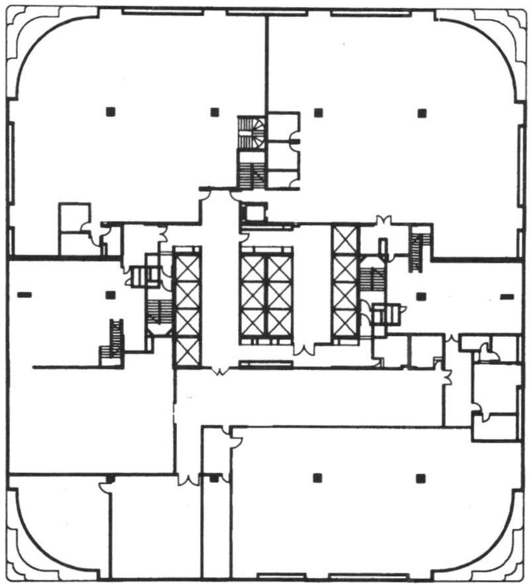

1

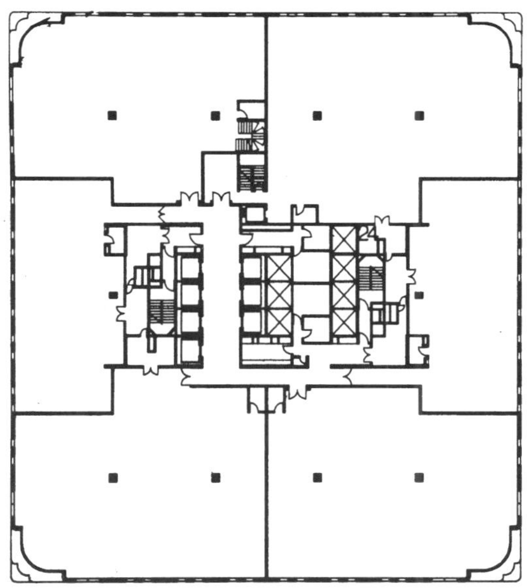

2

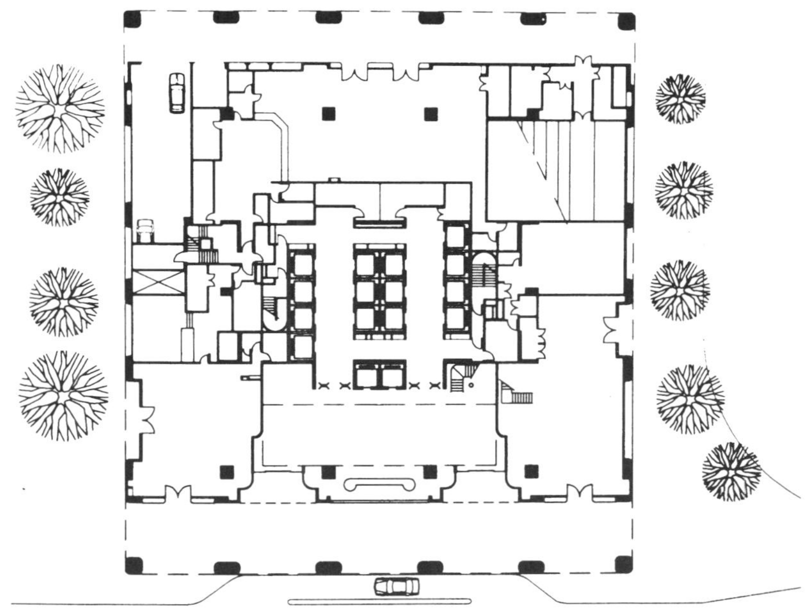

3

Planta Baixa Tipo - **19º** pavimento *Typical floor plans - 19th floor* **1**

Planta Baixa Tipo - **18º** pavimento *Typical floor plans - 18th floor* **2**

Planta Baixa Térreo *Ground level plan* **3**

Ano *Year* **1991**

Área construída *Built area* **58 mil m²**

EDIFÍCIO CITIBANK

CITIBANK BUILDING

Projetado em 1979, o edifício sede do Citibank está localizado na esquina das ruas da Assembleia e Gonçalves Dias, no centro do Rio de Janeiro, em terreno de aproximadamente 1.000m² e área construída de 27.000m², distribuída em 30 pavimentos.

Embora a construção seja colada nas divisas do lote, acima do prédio vizinho na Rua da Assembleia foi permitida a abertura de vãos, de onde se descortina uma bela vista. As fachadas principais do prédio foram revestidas em chapa de alumínio de 3mm de espessura e vidros.

A localização do prédio permite uma perspectiva privilegiada do Largo da Carioca.

Designed in 1979, Citibank's headquarters building is located on the corner of Assembleia and Gonçalves Dias streets, in downtown Rio de Janeiro, on a lot measuring approximately 1,000m² with 27,000m² of constructed area, distributed along 30 floors.

Although the construction is not setback from the lot boundaries, above the neighboring building on Assembleia Street the opening of voids was allowed, from which a beautiful view can be seen. The main facades of the building were cladded in 3mm thick aluminum sheets and glass.

The building location allows a privileged view of Largo da Carioca.

EDIFÍCIO BANCO DO BRASIL

BANCO DO BRASIL BUILDING

O edifício do Banco do Brasil no Rio de Janeiro foi originalmente o Edifício Veplan, o qual nasceu através de um concurso privado executado por uma das maiores imobiliárias do Brasil à época. Foram convidados 3 escritórios, e a Pontual Arquitetura foi a vencedora do concurso.

O terreno tinha uma locação privilegiada, na Rua Senador Dantas com a Rua Hélio Gama, formando 3 frentes. Com sua vocação definida, já naquela época, para o comércio, o local foi escolhido para a instalação das lojas (o somatório dessas lojas ensejou uma monumental área, que abriu o apetite de diversos bancos, entre eles o Banco do Brasil). A fachada no lado posterior do terreno ficou definida para o acesso principal ao edifício de escritórios e a garagem.

O projeto vencedor do concurso apresentava nos pavimentos uma proposição arquitetônica ímpar, em que todos os pilares eram periféricos e com dimensões de seção definidos por trechos de pavimentos, obedecendo a uma sistemática de programação modular, muito usada pela Pontual em edifícios de escritórios, permitindo uma grande flexibilização dos espaços. Essa estrutura ficou aparente no exterior do edifício, deixando visualizar que a solução plástica fosse o resultado natural e intencional da sua estrutura.

O core interno locado no projeto executado foi deslocado para uma fachada, objetivando deixar maior o vão na majestosa loja, embora, nos desenhos do concurso, ele fosse centralizado. Essa modificação se tornou fundamental e necessária para abrigar a grande loja do Banco do Brasil.

A área total dos escritórios é de aproximadamente 45.000m² distribuídos em 42 pavimentos, com cerca de 1.300,00m² cada. Com altura de aproximadamente 140 metros, é servido por 13 elevadores sociais e 1 de serviço.

A garagem mecânica foi prevista para 360 vagas em 30 pavimentos. É servida por 3 elevadores automáticos, e sua área bruta é da ordem de 6.000m².

The Banco do Brasil building in Rio de Janeiro city was originally the Veplan Building. It was born through a private contest executed by one of the largest real estate companies in Brazil at the time. Three offices were invited, and Pontual Arquitetura won the contest.

The lot had a privileged location, on the corner of Senador Dantas Street and Hélio Gama Street, forming 3 fronts. With its vocation defined, already at that time, for business, it was chosen for the installation of stores. The full amount of these stores originated a monumental area that aroused the interest of several banks, among them the Banco do Brasil. The façade on the back side of the lot was defined for main access to the office building and garage.

The winning design of the contest presented on the floors a unique architectural proposition, in which all the pillars were peripheral and with section dimensions defined by floor segments, obeying a modular programming system, much used by Pontual in office buildings, allowing a great flexibility of spaces. This structure became apparent outside the building, making it possible to see that the visual solution was the natural and intentional result of its structure.

The inner core of the executed project was moved to a facade, aiming to enlarge the span in the majestic store, although, in the designs of the contest, it was centralized. This change became fundamental and necessary to house the large store of Banco do Brasil.

The total area of the offices is approximately 45,000m² divided among 42 floors, with approximately 1,300m² each. With a height of approximately 140 meters, it has 13 social and 1 service elevators. The mechanical garage was planned for 360 parking places in 30 floors. It has 3 automatic elevators, and its gross building area is around 6,000m².

BANCO DO BRASIL

RETROFIT

RETROFIT

Sem dúvida, o retrofit se tornou uma das áreas de atuação da Pontual, por equalizar as condicionantes de passado e futuro em um mesmo projeto. Uma possibilidade de se revitalizarem edifícios antigos com as mais atuais e promissoras tecnologias e materiais, ao mesmo tempo que se preserva o patrimônio histórico e arquitetônico.

O retrofit consiste na renovação de diversas possibilidades de modernização de fachadas, instalações elétricas e hidráulicas, ar-condicionado, piso elevado, proteção contra incêndio e circulações verticais, que permitem não só a garantia de segurança como aumentam a vida útil do imóvel.

Não é difícil perceber que diversas cidades já apresentam restrições urbanas e ocupacionais e, por esse motivo, vislumbram nessa tendência uma solução que integra viabilidade econômica à reutilização de áreas já utilizadas. Esses projetos podem ser feitos em prédios tombados, que necessitam de restauração, em edifícios que se encontram vazios ou em prédios cujas instalações chegaram ao fim de sua vida útil, provocando altos custos de operação e manutenção.

As diferenças entre os projetos são muitas e variam não só com a necessidade do cliente, como de acordo com as possibilidades da área a ser renovada e a nova atuação do empreendimento, pois nada impede que um prédio residencial se torne um hotel, por exemplo.

O retrofit exige a elaboração de projetos preliminares de viabilidade técnica e econômica, além de estudos profundos da relação custo-benefício, pois, em alguns casos, como no Edifício Castelo, por exemplo, foi necessário que todo o interior fosse demolido, ou como o edifício garagem anexo à Torre Almirante, que contou com um incrível projeto de engenharia para que sua fachada fosse mantida.

Por toda sua experiência e profissionalismo, a Pontual Arquitetura é sem dúvida uma empresa altamente capacitada para projetar o retrofit valorizando o mercado imobiliário e se mantendo comprometida com o patrimônio histórico, além de tornar seus empreendimentos sustentáveis, funcionais e elegantes.

Undoubtedly, retrofit has become one of the areas of activity of Pontual, for equalizing the conditions of past and future in a single project. A possibility to renovate old buildings with the most recent and promising technologies and materials, while preserving the historical and architectural heritage.

The retrofit consists of the renovation of several possibilities for modernization of facades, power and hydraulic installations, air conditioning, raised floor, fire protection and vertical circulation, which allow not only the guarantee of safety but also increase the useful life of the property.

It is not difficult to see that several cities already present urban and occupational restrictions and, for this reason, see in this tendency a solution that integrates economic feasibility to the reutilization of areas already used. These projects can be executed in preserved buildings that require restoration, in empty buildings or buildings whose facilities have reached the end of their useful life, leading to high operating and maintenance costs.

The differences between the projects are many and vary. Not only with the needs of the client, but also with the possibilities of the area to be renovated and the new activity of the company, since nothing forbids a residential building from becoming a hotel, for example.

Retrofit requires the preparation of preliminary technical and economic feasibility projects, as well as detailed cost-benefit studies, since in some cases, such as in the Castelo Building, it was necessary for the interior to be demolished, or as the garage building attached to the Almirante Tower, which received an incredible engineering project so that its facade would not be damaged.

For all its experience and professionalism, Pontual Arquitetura is undoubtedly a highly qualified firm for retrofit designing, valuing the real estate market and committed to the historical heritage, in addition to making its developments sustainable, functional and elegant.

INSTITUTO CERVANTES

CERVANTES INSTITUTE

O Instituto Cervantes é uma instituição do governo espanhol, responsável por difundir a cultura e a língua espanhola pelo mundo. Sua sede no Rio de Janeiro está localizada na rua Visconde de Ouro Preto, 62, em Botafogo, e apresenta 2.200m² de área construída. A edificação possuía 6 pavimentos: térreo e mais 5 andares tipo.

O prédio onde está a sede do Instituto Cervantes sofreu uma grande reforma em 2010 com o objetivo de transformá-lo em uma edificação mais segura, mais *clean* e mais moderna. O grande diferencial desse projeto, além da fachada, foi a colocação de grandes janelas na escada e a instalação de mais um elevador, tendo o cliente optado por um panorâmico, sendo possível avistar o Cristo Redentor de dentro do elevador e dos lances mais altos da escada.

O Instituto Cervantes possui um auditório e um *foyer* com piso de granito e vidro, proporcionando um fluxo agradável. Possui também um terraço para convivência dos alunos no último andar, onde se pode apreciar a paisagem de parte do Aterro do Flamengo e do Cristo Redentor.

Cervantes Institute is an institution of the Spanish government, responsible for spreading the Spanish culture and language around the world. Its head office in Rio de Janeiro is located on Visconde de Ouro Preto street, number 62, in Botafogo, and it has 2,200m² of built area. The building had 6 floors: the ground floor and other 5 typical floor plans.

The building where the Cervantes Institute is housed underwent a major renovation in 2010 with the aim of transforming it into a safer, cleaner and more modern building. The great differential of this project, besides the façade, was the placement of windows on the stairs and the installation of another elevator. The customer opted for a panoramic one, being possible to see the Christ the Redeemer from inside the elevator and from the highest flights of the stairs.

The Cervantes Institute has an auditorium and a foyer with granite and glass flooring, providing a pleasant flow. It also has a terrace for the students on the top floor, where they can enjoy the landscape of part of the Aterro do Flamengo and Christ the Redeemer.

HA
BITAT
PA
PER
RITMO
NEWS
Barcelona

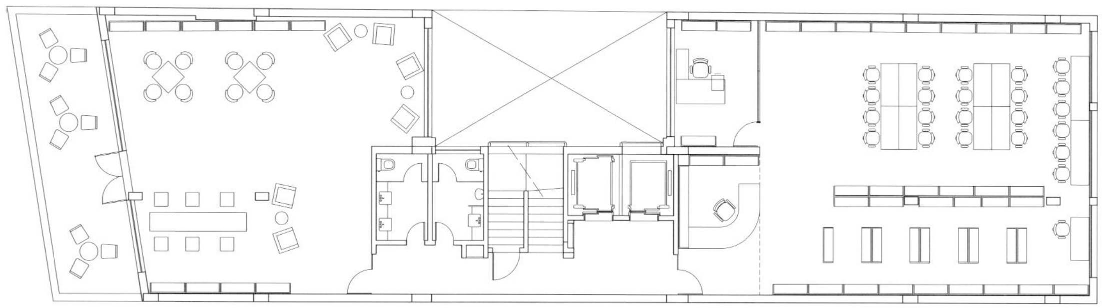

1

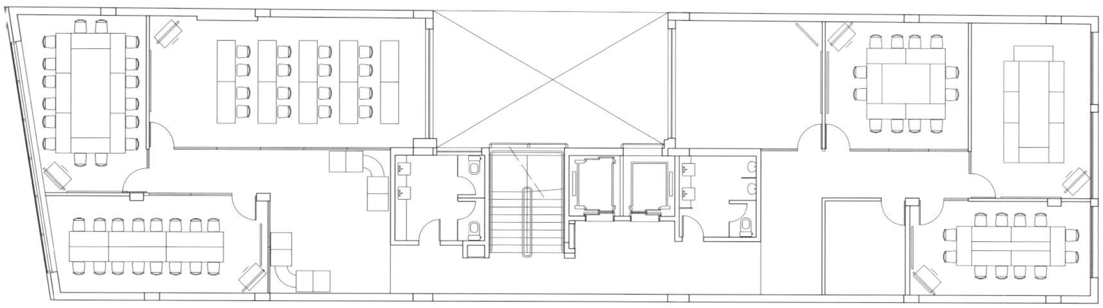

2

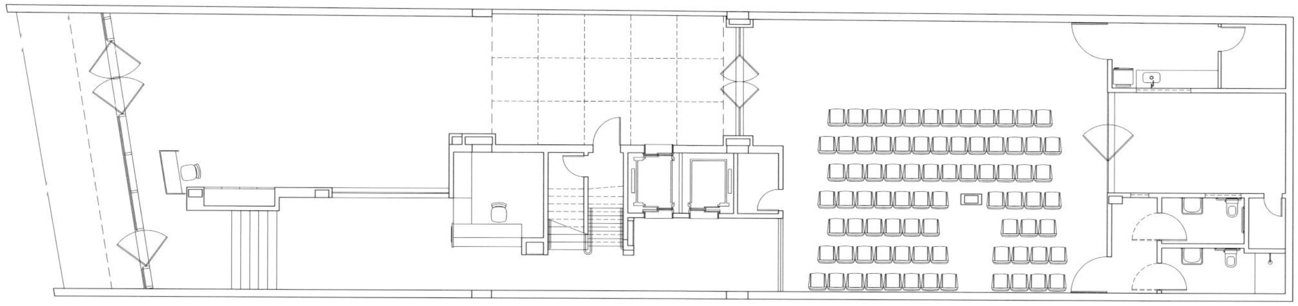

3

Planta Baixa **5º** pavimento *Typical floor plans - 5th floor* **1**
Planta Baixa **3º** pavimento *Typical floor plans - 3rd floor* **2**
Planta Baixa Térreo *Ground level plans* **3**

Ano *Year* **2010**
Área construída *Built area* **2.200 m²**

otinita

EDIFÍCIO CASTELO

CASTELO BUILDING

O Edifício Castelo, situado no centro da cidade do Rio de Janeiro, na Av. Nilo Peçanha, 151, surgiu da união entre os antigos edifícios Castello e Nilomex, que eram constituídos de pequenas salas comerciais e tinham suas fachadas preservadas pelo Departamento Geral do Patrimônio Cultural (DGPC). Após a intervenção arquitetônica, o prédio ficou com 25.000m² de área construída, distribuída em 12 pavimentos escalonados, cujos maiores ficaram com área aproximada de 1.750m². O projeto acrescentou ao empreendimento 63 vagas para automóveis.

O retrofit do Edifício Castelo, a maior intervenção do gênero na cidade na época, teve como grande desafio a demolição dos acessos existentes, com suas escadas e elevadores, para construção de novas escadas, atendendo as normas do corpo de bombeiros, e novos poços para elevadores, que contam com chamada antecipada. Para essa intervenção, foi necessário demolir dois pilares e reforçar os demais.

O acesso ao Edifício Castelo se dá por uma porta de ferro preservada, cujo trabalho de serralheria foi repetido nos painéis de vidro, que foram jateados e colocados atrás do balcão e nos painéis junto ao *hall* dos elevadores.

Para usufruir da maior altura possível nos pavimentos, o sistema de arcondicionado foi instalado pelo piso, permitindo que as vigas de teto ficassem aparentes, resultando um pé-direito de até 2,90m.
O projeto do Edifício Castelo teve as fachadas reformadas, seguindo orientações do DPGC, mantendo suas características arquitetônicas originais.

The Castelo Building, located in downtown Rio de Janeiro, on Av. Nilo Peçanha, 151, was designed from the union of the old buildings Castello and Nilomex that were made up of small commercial offices and had their facades preserved by the General Department of Cultural Heritage (DGPC). After the architectural intervention the building had 25,000m² of constructed area, distributed in 12 stepped floors, the largest of which ended with an area of approximately 1,750m². The project added to the development 63 parking places.

The Castelo Building retrofit, the biggest intervention of its kind in the city at the time, had as a great challenge the demolition of existing accesses, with its stairs and elevators, for the construction of new stairs, meeting the fire safety regulations, and new elevator shafts, with destination control. For this intervention, it was necessary to demolish two pillars and reinforce the others.

Access to the Castelo Building takes place through a preserved iron door. The metalwork was repeated on the glass panels, which were sandblasted and placed behind the counter and on the panels along the elevator hall.

In order to take advantage of the tallest possible height on each floor, the air conditioning system was installed on the floor, allowing the ceiling beams to appear, resulting in a ceiling height of up to 2.90m. The Castelo Building project had the facades reformed, following DPGC guidelines, maintaining its original architectural features.

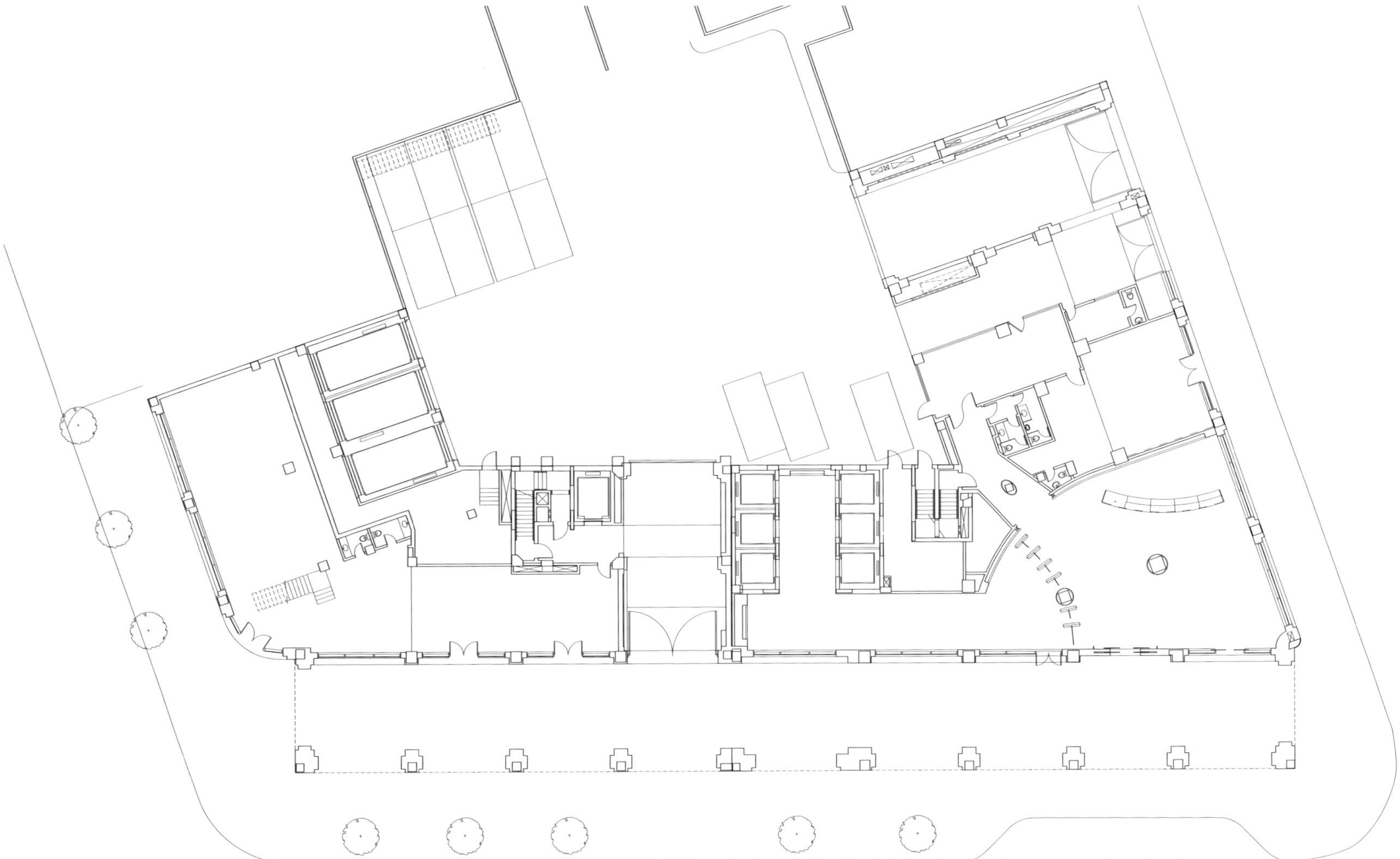

1

Planta Baixa Térreo *Ground level plan* **1**

Planta Baixa Tipo - **4º** pavimento *Typical floor plans - 4th floor* **2**

Planta Baixa Tipo - **12º** pavimento *Typical floor plans - 12th floor* **3**

Ano *Year* **2007**

Área construída *Built area* **25 mil m²**

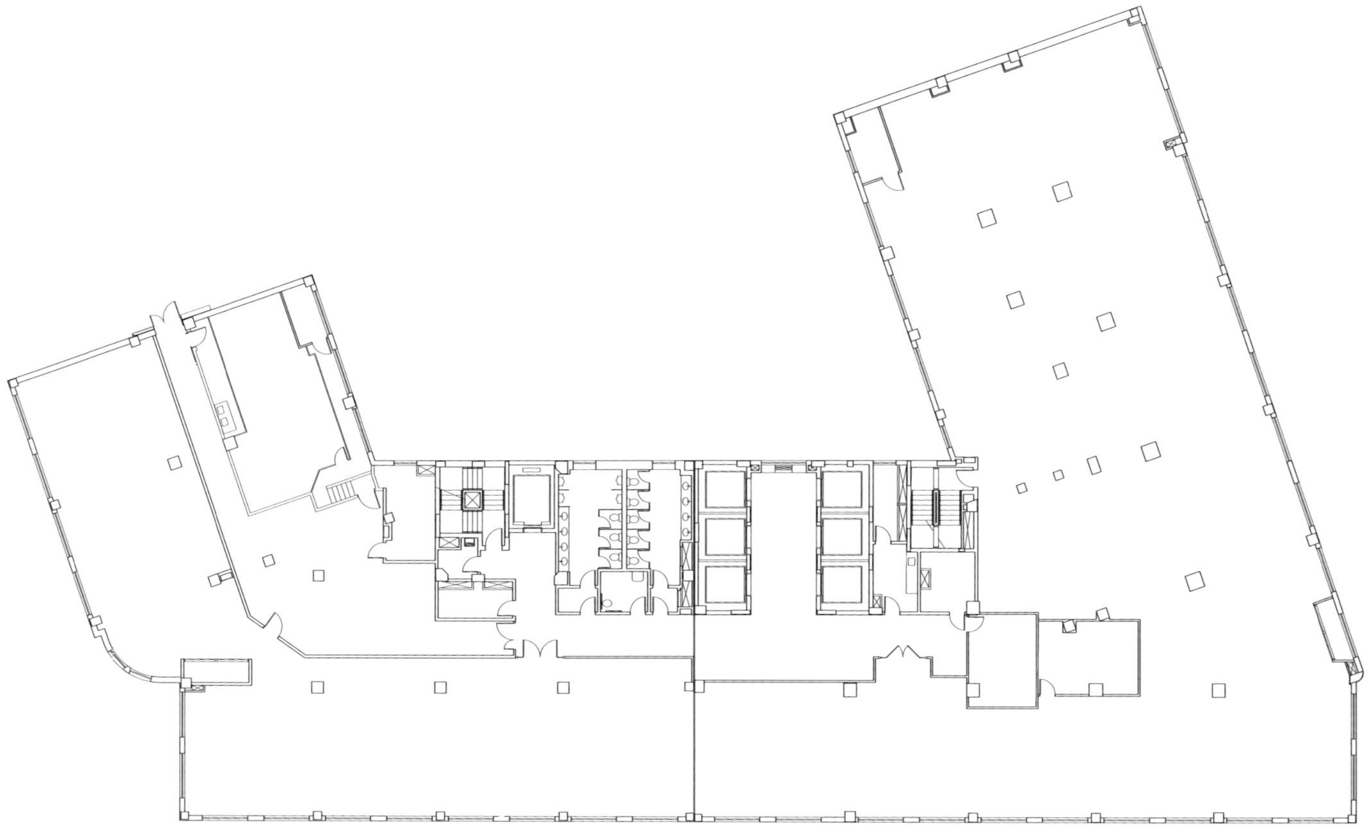

2

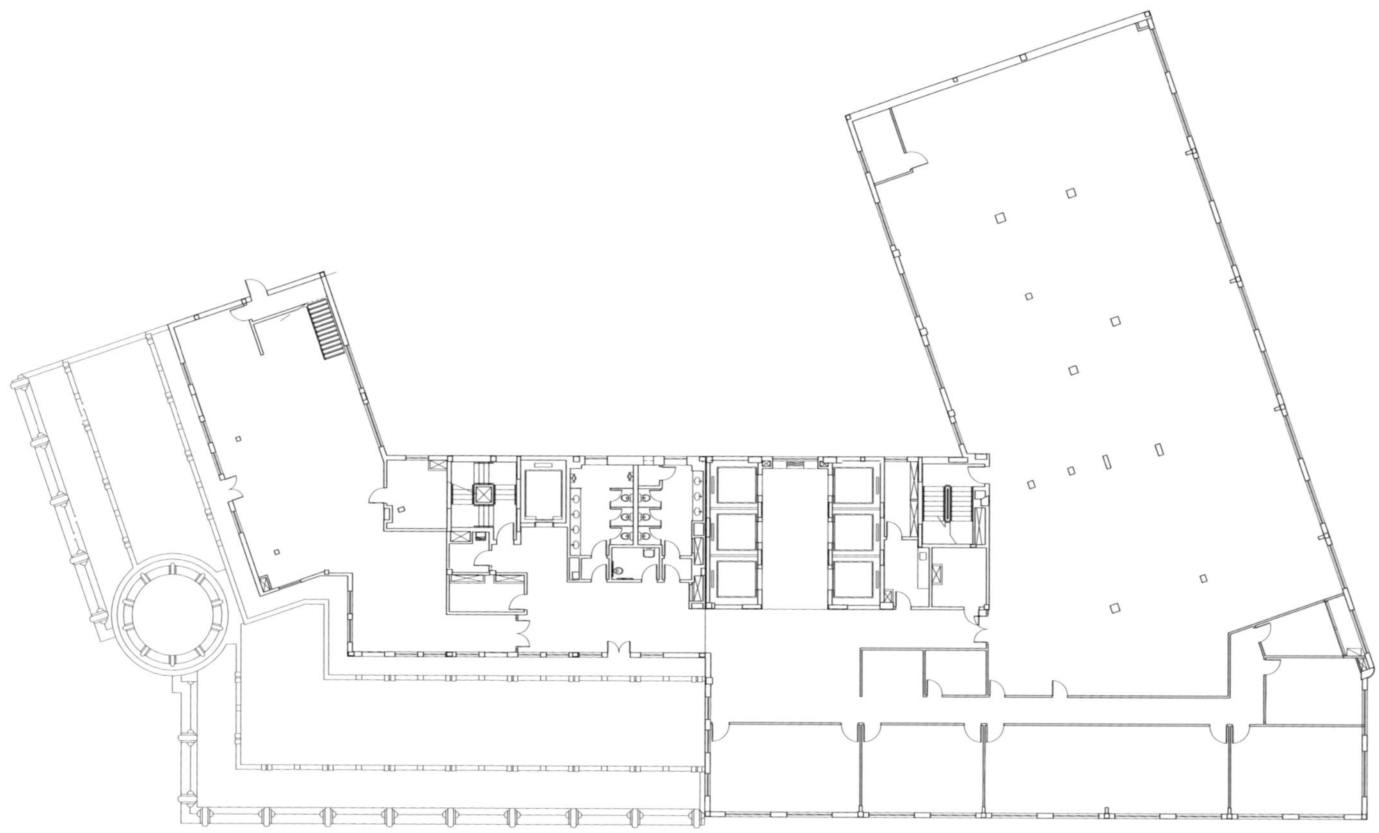

3

EDIFÍCIO STANDARD
STANDARD BUILDING

Em meados dos anos 30 no século passado, a Standard Oil do Brasil encomendou ao arquiteto escocês Robert R. Prentice, que já estava trabalhando no Brasil, um edifício para a sede da empresa ESSO, no Rio de Janeiro. O terreno escolhido era uma quadra com endereço principal na Av. Presidente Wilson, 118. Margeada pela Av. Beira Mar e pela Rua México, a quadra se configurava, limitando o terreno, por ser uma praça ajardinada de nome Quatro de Julho. Assim, o edifício a ser projetado era o único dessa quadra. É importante lembrar que o edifício, logo depois de ocupado, sofreu uma intervenção construtiva para a instalação de um sistema de ar condicionado central — o primeiro do Brasil — em toda a edificação. Por sua localização e importância, o prédio era um *landmark* para quem chegasse ao centro do Rio pela Av. Beira Mar. Ao transferir seus escritórios para a Barra da Tijuca, a Esso colocou à venda seu mítico prédio.

Os novos proprietários contrataram a Pontual Arquitetura para fazer um retrofit que respeitasse o caráter original do prédio, mas que o colocasse dentro de todas as premissas básicas de uma edificação tecnicamente de ponta.

Foram refeitas as especificações dos revestimentos externos, com pesquisas e testes para definir que esses revestimentos ficassem dentro dos aspectos e texturas iguais e/ou o mais semelhante possível aos usados na construção original.

O prédio tem, no subsolo, caixa-d'água, entrada de energia elétrica e de telefonia e os geradores elétricos de emergência.

No térreo, fica o acesso à edificação e aos 10 pavimentos do edifício. Havia isoladamente duas lojas externas, mas, com a ocupação do prédio inteiro por uma universidade com fins de pós-graduação, elas passaram a ser utilizadas também pela instituição de ensino.

In the mid-1930s of the last century, Standard Oil of Brazil commissioned Scottish architect Robert R. Prentice, who was already working in Brazil, to design a building for the headquarters of ESSO company in Rio de Janeiro. The lot chosen was a block with main address at Av. Presidente Wilson, 118. Surrounded by Beira Mar Avenue and México Street, the block was a garden square named Quatro de Julho. The building to be designed was the only one on this block. It is important to remember that the building, soon after occupied, underwent a constructive intervention to install the central air-conditioning system—the first one in Brazil—throughout the building. Because of its location and importance, the building was a landmark for anyone heading to downtown Rio via Beira Mar Avenue. When transferring their offices to Barra da Tijuca, Esso put its mythical building up for sale.

The new owners hired Pontual Arquitetura to retrofit the building respecting the original characteristics but giving it all the basic premises of a state-of-the-art construction.

Specifications of the external wall coatings were redone, with research and tests to define that these coatings were within the same and / or similar aspects and textures as those used in the original construction.

On the building underground floor is the water tank, electric power and telephone service entrance, and emergency electric generators.

On the ground floor there is access to the building and to the 10 floors. There were two outside stores, but with the entire building being occupied by a university for graduate purposes, they were also used by the educational institution.

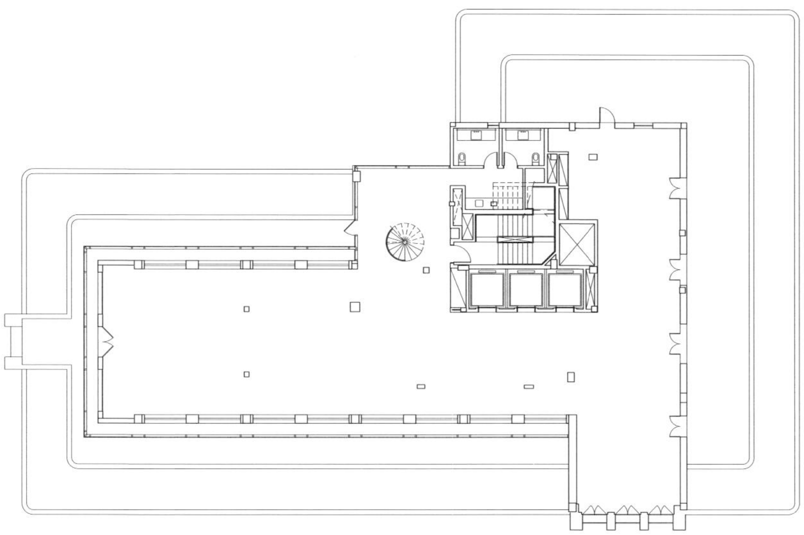

1

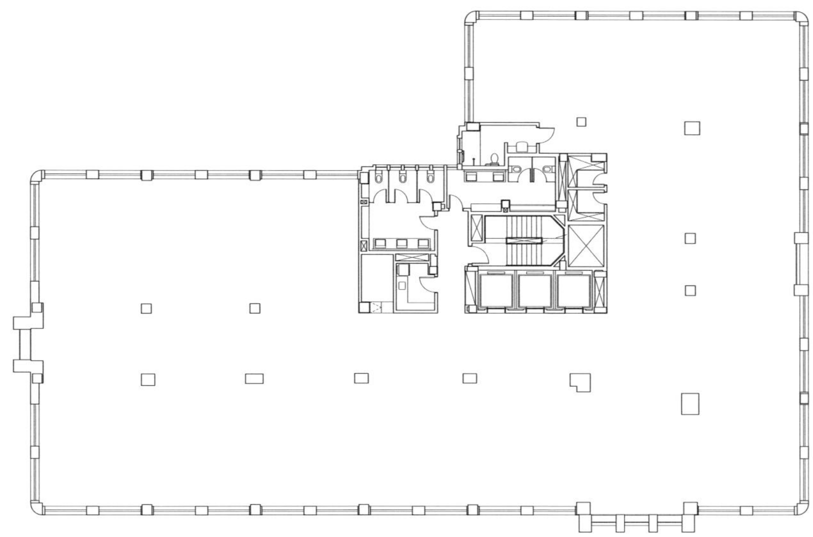

2

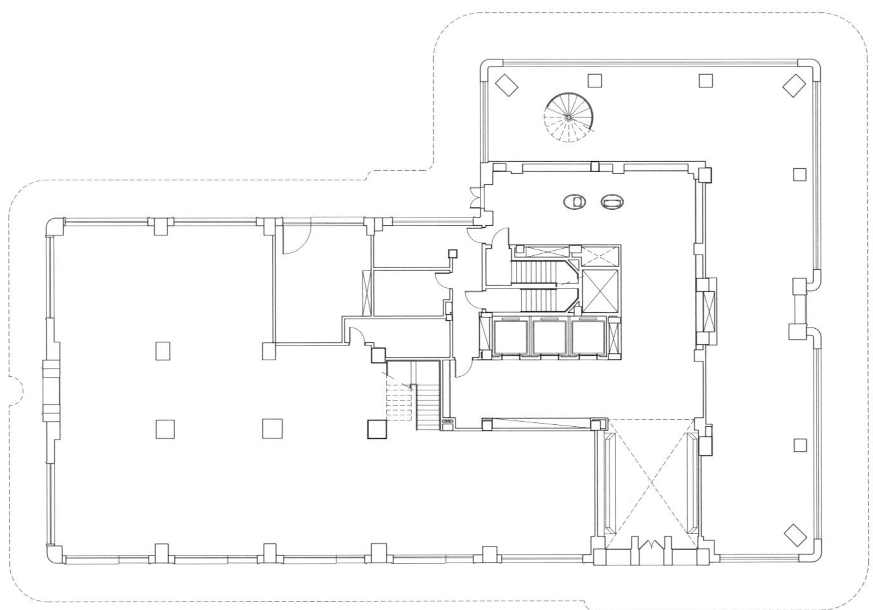

3

Planta Baixa Tipo - **10º** pavimento *Typical floor plans - 10th floor* **1**

Planta Baixa Tipo - **7º** pavimento *Typical floor plans - 7th floor* **2**

Planta Baixa Térreo *Ground level plan* **3**

Ano *Year* **2005**

Área construída *Built area* **9.600 m²**

XEROX DO BRASIL

XEROX DO BRASIL

Em 1978, a Pontual Arquitetura, a convite da Xerox do Brasil, projetou a reforma de 2 galpões localizados na avenida Rodrigues Alves, 279, Porto do Rio de Janeiro, visando a instalação da sede da multinacional. Os galpões, que outrora serviram para estocagem de sacas de café para exportação, ofereciam pés-direitos bastantes generosos, o que permitiu subdividi-los em 2 níveis, aumentando assim o número de pavimentos e proporcionando alcançar aproximadamente 20.000 m² para escritórios.

Como as alturas dos pavimentos resultantes ainda eram generosas, a Pontual optou por reduzir a altura útil a 2,60 m, através da colocação de treliças metálicas visíveis de seção triangular, sem forro, cujos vértices atendiam cada um a uma instalação (elétrica, telefonia e dados). Das treliças, desciam perfis metálicos, onde foram penduradas luminárias sobre as mesas de trabalho. Junto às mesas, desciam das treliças postes metálicos com passagens independentes para tomadas de telefonia, elétrica e dados, alimentando assim as estações de trabalho. A iluminação das circulações foi feita através de luminárias fixadas nas treliças, que balizavam os caminhos entre as mesas de trabalho.

No centro de um dos galpões, existia um grande vazio nas lajes, destinado originalmente aos guindastes que transportavam e estocavam as sacas. Nesse vazio, o célebre paisagista Burle Marx criou uma estrutura com andaimes tubulares que servem de suporte para inúmeras plantas, delicadamente iluminadas por uma claraboia central.

Em razão dos galpões estarem localizados junto ao elevado da perimetral na Rodrigues Alves, optou-se por selar todas as pequenas janelas das fachadas, reduzindo substancialmente o ruído externo e impactando positivamente na escultura floral de Burle Marx.

In 1978, Pontual Arquitetura was invited by Xerox do Brasil to design the renovation of two warehouses located on Avenida Rodrigues Alves, 279, at the Rio de Janeiro Port, for the installation of the multinational headquarters. The warehouses, once used to store export coffee sacks, offered generous ceiling heights, which allowed them to be subdivided into 2 levels, thus increasing the number of floors and reaching approximately 20,000 m² for offices.

As the resulting ceiling heights were still generous, Pontual chose to reduce the clear height to 2.60m by placing visible triangular metallic lattice, without lining, each vertices serving a facility (electric, telephone and data). Metallic conduits came down from the lattices and lamps hung over the work desks. Beside the desks, metallic poles hung from the lattices with independent installation for telephone, electrical and data, thus powering the workstations. The lighting of the circulation areas was made with lamps installed in the lattices that marked the paths between the work desks.

In the center of one of the warehouses was a large void between the slabs, originally intended for the cranes that carried and stored the sacks. In this void, the celebrated landscaper Burle Marx created a structure with tubular scaffolds that served as support for numerous plants, delicately illuminated by a central skylight.

Because the warehouses were located next to the beltway overpass on Rodrigues Alves Avenue, the design sealed all the small windows of the façades, substantially reducing external noise and positively impacting Burle Marx's floral sculpture.

INTERIOR

INTERIOR

A Arquitetura de interior preza por um espaço interno capaz de atender as necessidades de seus usuários. Para isso, um projeto de interior deve procurar otimizar os ambientes com foco em conforto, praticidade, funcionalidade, estética, segurança, beleza e sustentabilidade.

O projeto consiste no planejamento de cada área, escolhendo, combinando e harmonizando diversos elementos, estabelecendo relações estéticas e funcionais de acordo com o seu uso, exclusivamente para cada cliente.

Portanto, um bom projeto de arquitetura de interior possui o poder de transformar o cotidiano em experiências mais agradáveis para os seus usuários, imprimindo sua personalidade em cada canto. Um projeto bem detalhado evita possíveis erros e aborrecimentos com atrasos, além de prejuízos financeiros ocasionados por refazimentos de serviços, compras inadequadas ou desnecessárias nas obras.

Nos projetos de interiores corporativos, a empresa cliente deve ser constantemente consultada, para definir as áreas que serão alocadas para espaços comuns, como auditórios, salas de reunião e refeitórios. Consequentemente, o interior final é não só sofisticado, mas também uma parte do plano operacional das empresas, tornando o trabalho mais eficaz, sempre respeitando as várias legislações trabalhistas e de segurança em vigor. Como modelos dos projetos de interiores corporativos desenvolvidos pela Pontual, podemos citar:

ENERGIO

A nova sede da empresa de comercialização de energia Energio foi implantada em meio-pavimento do Edifício Linneo de Paula Machado, em aproximadamente 605m², onde foram alocados *staff*, diretores, salas de reunião e esperas e construídos novos sanitários e copa, atendendo a empresa com um projeto novo e mais representativo. Com materiais mais clássicos, como o piso em mármore travertino e a madeira de revestimento de parede e divisórias, juntamente com divisórias de vidro entre as salas e circulações, foi possível favorecer a sinergia e a comunicação entre os funcionários.

The interior architecture values an internal space capable of meeting the needs of its users. For this, an interior architecture project should should seek to optimize the environments with focus on comfort, practicality, functionality, aesthetics, safety, beauty and sustainability.

The project consists of the planning of each area, choosing, combining and harmonizing several elements, establishing aesthetic and functional relations according to its use, exclusively for each client.

Therefore, a good interior architecture design has the power to transform everyday life into more enjoyable experiences for its users, impressing their personality on every corner. A well-detailed project avoids possible mistakes and inconveniences with delays, as well as financial losses caused by poorly done work, inadequate or unnecessary purchases at the site.

In corporate interior designs, the client company should be constantly consulted to define the areas that will be allocated to common spaces, such as auditoriums, meeting rooms and cafeterias. Consequently, the final interior is not only sophisticated but also a part of the operational plan of the companies, making the work more efficient, always respecting the various labor and security laws in force. As models of corporate interior designs developed by Pontual, we can mention:

ENERGIO

The new headquarters of the power company Energio was installed on half a floor in the Linneo de Paula Machado Building. On an area of approximately 605m² were distributed staff, directors, meeting and waiting rooms and built new restrooms and small kitchen, providing the company with a new and more representative project. With more classic materials such as travertine marble flooring and wood panels on walls and room dividers, along with specified glass room dividers between the offices and circulation areas, it was possible to favor synergy and communication among employees.

LAVRADIO

O Edifício Lavradio está situado na Lapa, na rua do Lavradio, 162, e possui 6.000m² de área construída, distribuída em 1 subsolo com 36 vagas, térreo, 4 pavimentos tipo e 1 pavimento com três terraços. Foram projetadas estações de trabalho dos gerentes com painéis de 1.60m de altura e em vidro, e as estações de trabalho dos demais funcionários com painéis de 1.10m de altura, o que proporcionou a todos os funcionários poderem estar em contato com a iluminação natural durante grande parte da sua estada no trabalho, já que a forma interna da edificação é colada nas divisas laterais e de fundos em um terreno com o formato da letra L invertida.

MONTEIRO ARANHA

Após 40 anos, o grupo Monteiro Aranha transferiu seu escritório para a Av. Bartolomeu Mitre, no Leblon, com 667m² de área privativa distribuída em formas não tradicionais. Essa área sofreu uma grande intervenção, principalmente nos banheiros, copa e salas de reunião.

Com apenas três meses para o grupo ocupar a nova sede, a Pontual Arquitetura desenvolveu seu trabalho em todas as etapas do projeto, que foram: levantamento da área a ser ocupada, levantamento do mobiliário e cadeiras existentes (a fim de que fosse definido o que poderia ser aproveitado), projeto de *layout* (que foi aprovado pelo cliente em tempo recorde), levantamento dos equipamentos existentes, projeto executivo de arquitetura e instalações, concorrência da obra, gerenciamento da obra, plano de mudança e o acompanhamento de implantação.

Dessa forma, a Pontual Arquitetura transformou o espaço em um escritório funcional, moderno e elegante.

PETROS SEDE

A sede da Petros está localizada na Rua do Ouvidor, 98, no centro da cidade do Rio de Janeiro,em prédio reformado para abrigar a sede deste importante fundo de pensão. O edifício possui 7.200m² de área construída, distribuída em 13 pavimentos, sendo 2 subsolos, térreo, sobreloja, 8 pavimentos tipo e mais um pavimento de uso misto. Uma das grandes surpresas deste projeto foi quando se retirou o tapete antigo de um salão que seria destinado à entrada das salas de diretoria e se deparou com

LAVRADIO

The Lavradio Building is located in the Lapa neighborhood, on Lavradio Street, 162, and has 6,000m² of built area, distributed along 1 basement with 36 parking spaces, ground floor, 4 reference floor plans and 1 floor with three terraces. Pontual designed workstations for the managers with 1.60m high glass panels and workstations for other employees with 1.10m high panels, allowing all employees to be in contact with natural light during a large part of their stay at work, since the internal shape of the building has no side or rear setback on an inverted L-shaped lot.

MONTEIRO ARANHA

After 40 years, the Monteiro Aranha group transferred its office to Bartolomeu Miter Avenue, in the Leblon neighborhood, with 667m² of private area distributed in non-traditional forms. This area has undergone a major intervention, especially in the restrooms, small kitchen and meeting rooms.

With just three months for the group to occupy its new headquarters, Pontual Arquitetura developed its work in all stages of the project, which were: study of the area to be occupied, a list of the existing furniture and chairs (in order to define what could be used), layout design (which was approved by the client in record time), evaluation of existing equipments, architecture and facilities executive design, work competition, project management, moving plan and implementation follow-up. In this way, Pontual Arquitetura transformed the space into a functional, modern and elegant office.

PETROS HEADQUARTERS

The Petros headquarters is located on Ouvidor Street, 98, in downtown Rio de Janeiro. It was renovated to house the headquarters of this important pension fund. The building has 7,200m2 of built area distributed along 13 floors—2 basements, ground floor, mezzanine, 8 reference floor plans and a mixed use floor. One of the great surprises of this project was when the old carpet was removed from a hall that would be destined to the entrance of the board of directors' offices and the team

um piso de mármore todo trabalhado. A surpresa foi tão boa que a Pontual Arquitetura modificou as especificações para aproveitar o piso de mármore.

Nos projetos de interiores comerciais, independentemente da atividade-fim da empresa, a arquitetura de interiores é um fator agregador de valor ao negócio. Um exemplo recente da Pontual é o Espaço Noor, desenvolvido pela arquiteta Cristina Mota, que projetou um espaço voltado para a beleza feminina totalmente funcional e extremamente agradável. No Espaço Noor, além de toda elegância e conforto, as clientes podem usufruir não apenas de tratamentos de qualidade, mas também de uma área de lazer e bem-estar.

Já nos projetos residenciais, a personalidade de seus usuários é o referencial, trazendo um ambiente exclusivo, personalizado e com a funcionalidade adequada ao dia a dia de cada indivíduo. Podemos citar os seguintes projetos:

RESIDÊNCIA BARRA

Como a família recebe muitos convidados, mas não hóspedes, foi decidido incorporar o espaço de uma suíte à sala, ficando esta ampla e receptiva. A cozinha também teve uma atenção especial, pois a culinária é o *hobby* do proprietário, que se aventura nela nos finais de semana.

RESIDÊNCIA DENISE SALLES

Esta residência é a prova de que o planejamento é decisivo para a realização não só de um projeto, mas do sonho da casa ideal. De acordo com as possibilidades de recursos, são projetadas e finalizadas em tempos distintos as áreas desta residência, que tem como ponto alto o quarto-escritório da proprietária, doutora em cirurgia plástica.

A Pontual se faz presente em projetos de interiores dos mais diversos empreendimentos, sejam corporativos, residenciais ou comerciais, atendendo as mais diversificadas demandas de forma funcional, sem perder a sofisticação. Por isso, vem se destacando no mercado há 50 anos, pela sua plena consciência dos diversos fatores que são essenciais para o projeto e execução de ambientes que serão capazes de manter um ambiente agradável e coeso com o seu propósito.

came across a worked marble floor. The surprise was so good that Pontual Arquitetura modified the specifications to take advantage of this marble floor.

In commercial interior designs, regardless of the company's end-activity, interior architecture is a factor that adds value to the business. A recent example at Pontual is the Espaço Noor, developed by the architect Cristina Mota, who designed a space dedicated to female beauty that is fully functional and extremely pleasant. In the Noor Area, in addition to all the elegance and comfort, guests can enjoy not only quality treatments, but also an area of leisure and well-being.

In the residential projects, the personality of its users is the referential, bringing an exclusive environment, personalized and with the functionality appropriate to the day to day of each individual. We can exemplify with the following projects:

BARRA RESIDENCE

Since the family receives many visitors, but not overnight guests, it was decided to incorporate the space of a bedroom into the living room, making this room wide and receptive.
The kitchen also received special attention because cooking is the hobby of the owner, who experiments with it on the weekends.

DENISE SALLES RESIDENCE

This residence is proof that planning is decisive for the achievement not only of a project, but of the dream of the ideal house. According to the possibilities of resources, the areas of this residence are designed and completed in different times, which has as a high point the room / office of the owner, doctor in plastic surgery.

Pontual is present in interior projects of the most diverse developments, may they be corporate, residential or commercial, meeting the most diversified demands in a functional way, without losing sophistication. Therefore, the firm has been standing out in the market for 50 years, for its full awareness of the many factors that are essential for the design and achievement of environments that will maintain a pleasant and cohesive ambience with their purpose.

ENERGIO

ENERGIO

LAVRADIO
LAVRADIO

MONTEIRO ARANHA
MONTEIRO ARANHA

MONTEIRO ARANHA S.A.

PETROS SEDE

PETROS HEADQUARTERS

ESPAÇO NOOR
ESPAÇO NOOR

RESIDÊNCIA BARRA
BARRA RESIDENCE

RESIDÊNCIA DENISE SALLES

DENISE SALLES RESIDENCE

HOTEL

HOTEL

O projeto de hotéis também é parte marcante da história da Pontual Arquitetura. Para a realização desses projetos, é necessário equilibrar a área máxima a ser construída, os modelos preexistentes clássicos do cliente, as legislações vigentes e as instalações exigidas. O resultado deve ser otimizado para a maior rentabilidade, aliada ao maior conforto possível para a futura clientela.

O estilo e a finalidade da rede de hotéis é fator imprescindível para o projeto. Em hotéis de luxo, existirão quartos grandes e diversos serviços de conforto e lazer disponíveis. Em hotéis pensados para executivos passarem o pernoite, os quartos serão menores, e os serviços não serão tão sofisticados. Essas determinações tornam fundamental o planejamento das áreas de passagem e locomoção de clientes, que podem ajudar a resolver numericamente a quantidade de elevadores em um edifício e o tráfego de pessoas em áreas comuns, como o restaurante. Essa engenharia de pessoas torna o ambiente final mais confortável, enquanto viabiliza a elaboração do projeto com estruturas mais eficientes, sendo integrante essencial da arquitetura.

Em muitos casos, o local da construção já está escolhido, trazendo à tona limitações geofísicas do terreno, dos outros empreendimentos ao entorno e do volume máximo permitido por órgãos como o Instituto Rio Patrimônio da Humanidade (IRPH), o Instituto Estadual do Patrimônio Cultural (INEPAC), o IPHAN e a Secretaria de Urbanismo. Ambos devem aprovar o projeto para que ele saia do papel.

O trabalho da Pontual é, portanto, compatibilizar todas as solicitações e determinações dos projetos de hotel, sempre com refinamento, eficiência e preocupação com os detalhes. A excelência desses empreendimentos trouxe para a empresa construções icônicas, como o hotel Othon na Avenida Atlântica, o Novotel e outros da rede Accor.

The hotel design is also an important part of the history of Pontual Arquitetura. In order to carry out these projects, it is necessary to balance the maximum area to be built, the pre-existing classic models of the client, the current legislation and the required facilities. The result must be optimized for greater profitability, combined with the greatest possible comfort for the future guests.

The style and purpose of the hotel chain is an essential factor for the project. In luxury hotels, there will be large rooms and various amenities available of comfort and leisure. In hotels designed for executives to spend the night, the rooms will be smaller, and the services will not be as sophisticated. These aspects make planning the areas of passage and mobility of clients essential, which can help solve numerically the amount of elevators in a building and the traffic of people in common areas, such as the restaurant. This engineering of people makes the final environment more comfortable, while enabling the elaboration of the project with more efficient structures, being an essential element of the architecture.

In many cases, the construction site is already chosen, bringing to light geophysical limitations of the lot, of other developments around the area and of the maximum volume allowed by such entities as the Rio World Heritage Institute (IRPH), the State Institute of Cultural Heritage (Inepac), Iphan and the Department of Urbanism. Both should approve the project to get it off the paper.

Therefore, Pontual's work is to make all requests and determinations of hotel projects compatible, always with refinement, efficiency and attention to details. The excellence of these developments has brought to the firm iconic buildings, such as the Othon hotel on the Atlântica Avenue, the Novotel and others in the Accor chain.

NOVOTEL RJ BOTAFOGO

NOVOTEL RJ BOTAFOGO

IBIS BUDGET RJ BOTAFOGO

IBIS BUDGET RJ BOTAFOGO

A quatro anos do início das Olimpíadas do Rio de Janeiro, a Pontual Arquitetura foi contratada pela Performance Empreendimentos Imobiliários Ltda. para projetar 2 hotéis em terreno situado à Praia de Botafogo, 330, no Rio de Janeiro. Em razão do evento esportivo, a Prefeitura do Rio havia criado um incentivo para a construção de hotéis, visando suprir a demanda do número de quartos. Surgiram assim os hotéis Novotel Botafogo, localizado de frente à Praia de Botafogo, e o Ibis Budget, com acesso pela Praça Joia Valansi, 24.

Para adequar-se à legislação, o projeto do Novotel Botafogo previu uma solução volumétrica através de um subsolo com entrada pela Praia de Botafogo e saída pela Praça Joia Valansi, disponibilizando 65 vagas para automóveis. No pavimento térreo, ficaram os acessos aos dois hotéis, cada um pela rua de seu endereço. Nesse pavimento, estão recepção, estar, bar, serviços e Centro de Convenções do Novotel, assim como recepção, estar, restaurante e serviços do Ibis Budget. Os 2 pavimentos, subsolo e térreo, ocupam quase que a totalidade do terreno, respeitados os afastamentos obrigatórios pela legislação.

No andar superior ao térreo, estão instalados restaurante, cozinha, bar, academia, sauna e salas de reunião do Novotel e 11 quartos e salas de reunião do Hotel Ibis Budget. Nesse mesmo pavimento, entre os 2 edifícios, fica área de equipamentos comum aos 2 hotéis.
Em função de a testada do terreno que está voltada para a Praia de Botafogo ser menor que a testada voltada para a Praça Joia Valansi, o prédio do Novotel, para adequar-se à legislação, ficou com 5 pavimentos tipo, onde se distribuem os 134 quartos, 1 pavimento de equipamentos e casa de máquinas dos elevadores. Sua fachada foi desenvolvida juntamente com o escritório Paragon Architects.
Com maior largura de terreno, o Hotel Ibis Budget foi projetado com 11 pavimentos acima do térreo, totalizando 259 quartos, além de mais 1 pavimento destinado aos equipamentos e à casa de máquinas.

Ao longo de seus 50 anos, a Pontual Arquitetura vivenciou inúmeras modificações na legislação edilícia na cidade do Rio de Janeiro.
Em 1977, projetou os prédios 370 e 374 da Praia de Botafogo, a primeira sede da Shell do Brasil, e o segundo o Banco Chase, ambos tendo embasamento com térreo, 5 pavimentos de estacionamento de automóveis, 13 pavimentos tipo e pavimento mecânico. Essa legislação prevaleceu por longo período.

Em 2012, quando a Pontual foi contratada para projetar os 2 hotéis, verificou que não era mais permitido projetar com os mesmos parâmetros de 1977. Baseado na nova legislação, projetou os 2 hotéis com volume completamente destoante dos prédios vizinhos, principalmente o prédio do Novotel, muito mais baixo e em outro plano recuado das demais edificações que compõem o volume edificado na Praia de Botafogo.

Four years before the Rio de Janeiro Olympics, Pontual Arquitetura was hired by Performance Empreendimentos Imobiliários Ltda. to design 2 hotels on a lot on Botafogo Beach, 330, in Rio de Janeiro. Due to the sporting event, the Rio administration had created an incentive for the construction of hotels, aiming to supply the demand of the number of guest rooms. Thus emerged the hotels Novotel Botafogo, located in front of Botafogo Beach, and the Ibis Budget, with access to the Joia Valansi Square, 24.

To comply with the legislation, the Novotel Botafogo design planed a volumetric solution through a basement with entrance on Botafogo Beach and exit on Praça Joia Valansi, providing 65 parking spaces. On the ground floor are accesses to the two hotels, each one on the street of its address. On this floor is the reception, living, bar, services and Novotel Convention Center as well as reception, restaurant, and services of Ibis Budget. The 2 floors, basement and ground floor, occupy almost the entire lot, respecting the legislation mandatory setbacks.

On the next floor, are located restaurant, kitchen, bar, gym, sauna and conference rooms of Novotel and 11 guest rooms and conference rooms of the Ibis Budget Hotel. On this same floor, between the 2 buildings, is the equipment area common to the 2 hotels.

Due to the fact that the frontage of the lot facing Praia de Botafogo is smaller than the frontage facing Joia Valansi Square, the Novotel building, in order to comply with the legislation, was designed with 5 typical floor plans, where 134 guest rooms, 1 equipment and elevator machine room floor are distributed. Its facade was designed in partnership with Paragon Architects. With a wider lot, the Ibis Budget Hotel was designed with 11 floors above ground, totaling 259 guest rooms, plus 1 more floor for equipment and machine room.

Throughout its 50 years, Pontual Arquitetura has seen numerous modifications in the municipal legislation in the city of Rio de Janeiro. In 1977, the firm designed buildings 370 and 374 of Botafogo Beach. The first one was the Shell do Brasil headquarter, and the second was Chase Bank, both having a base with ground floor, 5 parking space floors, 13 typical floor plans and a mechanical floor. This legislation prevailed over a long period.

In 2012, when Pontual was contracted to design the 2 hotels, it was found that it was no longer allowed to design with the same parameters of 1977. Based on the new legislation, the firm designed the 2 hotels with a volume completely disproportionate of neighboring buildings, specially the Novotel building, much lower and in another plane, setback from the other buildings that make up the built volume on Botafogo Beach.

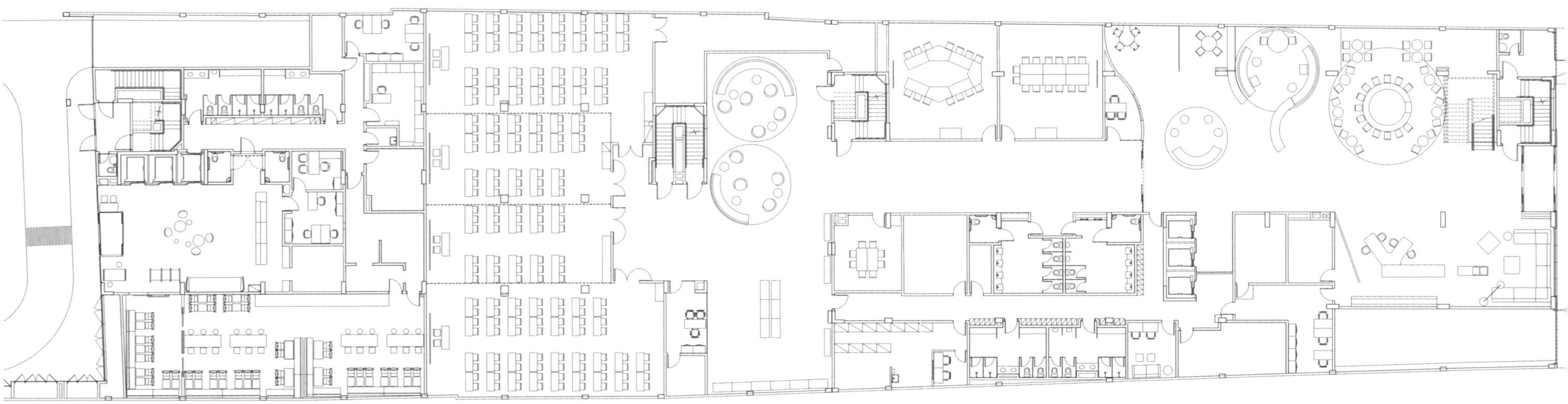

1

Planta Baixa Térreo *Ground level plans* **1**

Planta Baixa Tipo - Ibis Budget RJ Botafogo *Typical floor plan - Ibis Budget RJ Botafogo* **2**

Planta Baixa Tipo - Novotel RJ Botafogo *Typical floor plan - Novotel RJ Botafogo* **3**

Ano *Year* **2015**

Área construída *Built area* **16.274 m²**

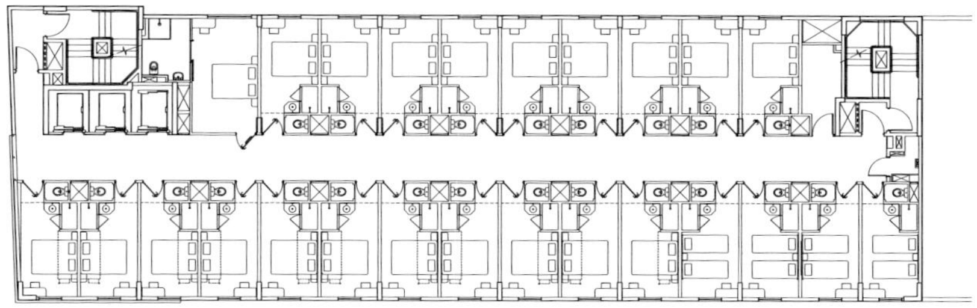

2

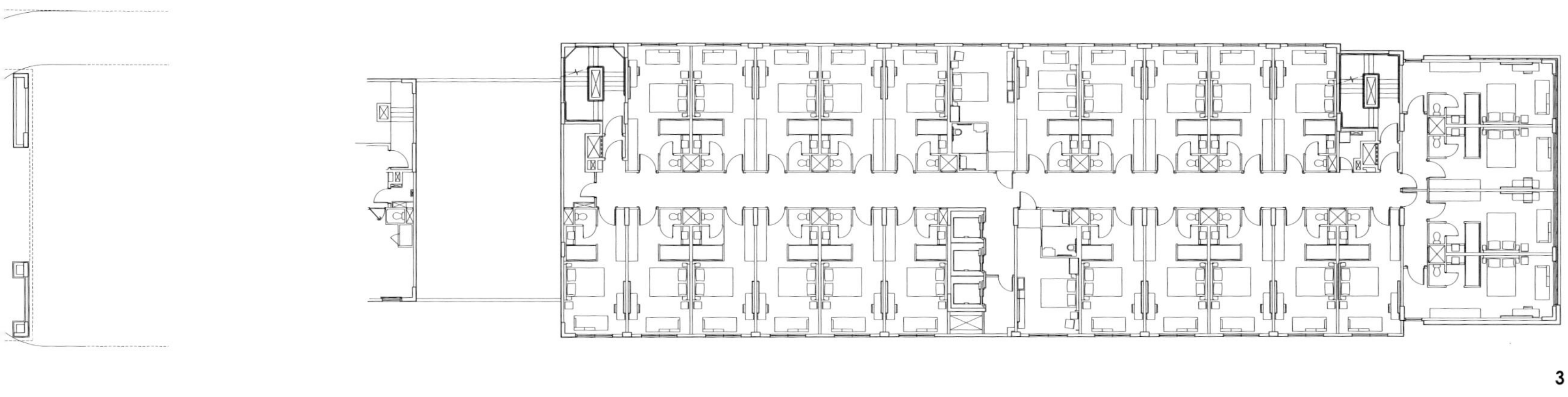

3

HOTEL IBIS COPACABANA POSTO 5

IBIS COPACABANA POSTO 5 HOTEL

Projetado em 2011, o Hotel Ibis está situado à rua Xavier da Silveira, 82, Copacabana, Rio de Janeiro. Possui área construída total de 9.200m², distribuída entre subsolo, com 16 vagas para automóveis; térreo, onde ficam recepção, restaurante, estar; 16 pavimentos tipo, onde estão localizados os 231 quartos; pavimento mecânico; reservatórios de água; e a casa de máquinas.

Com foco nas Olimpíadas que ocorreriam no Rio de Janeiro em 2016, visando estimular o aumento do número de quartos, a Prefeitura do Rio modificou temporariamente a legislação de Copacabana. Por essa razão, o hotel atingiu o total de 17 pavimentos, 5 acima do gabarito histórico de 12 pavimentos na região.

Vale ressaltar que, em todos os hotéis da rede Accor, os projetos têm que prever duas escadas de emergência, de forma tal que, em caso de incêndio, nenhum hóspede fique sem acesso à rota de fuga.

Designed in 2011, the Ibis Hotel is located on Xavier da Silveira street, 82, Copacabana, Rio de Janeiro. It has a total built area of 9,200m², distributed among basement, with sixteen parking spaces; ground floor, where reception, restaurant and living area are located; sixteen typical floor plans, where the 231 guest rooms are located; mechanical floor; water storage tanks; and machine room.

Focused on the Olympics that would occur in Rio de Janeiro in 2016, in order to stimulate an increase in the number of guest rooms, Rio's City Hall modified temporarily the legislation in Copacabana. For this reason, the hotel reached a total of seventeen floors, five floors above the historic twelve-story Height of Buildings in the region.

It is worth mentioning that, in all Accor hotels, the designs have to include two emergency stairs, so that in the event of a fire no guest is left without access to the escape route.

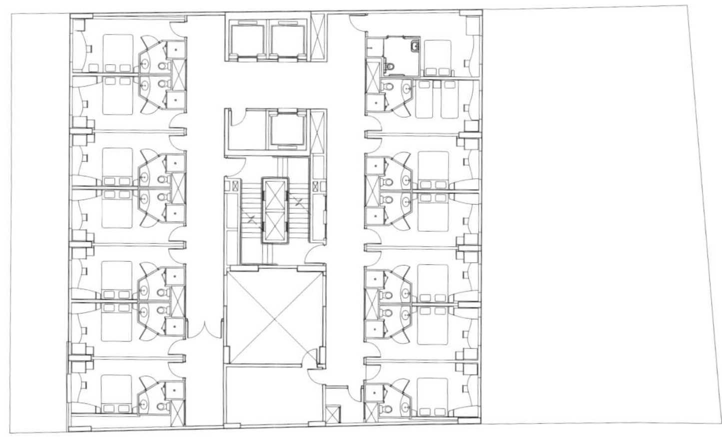

1

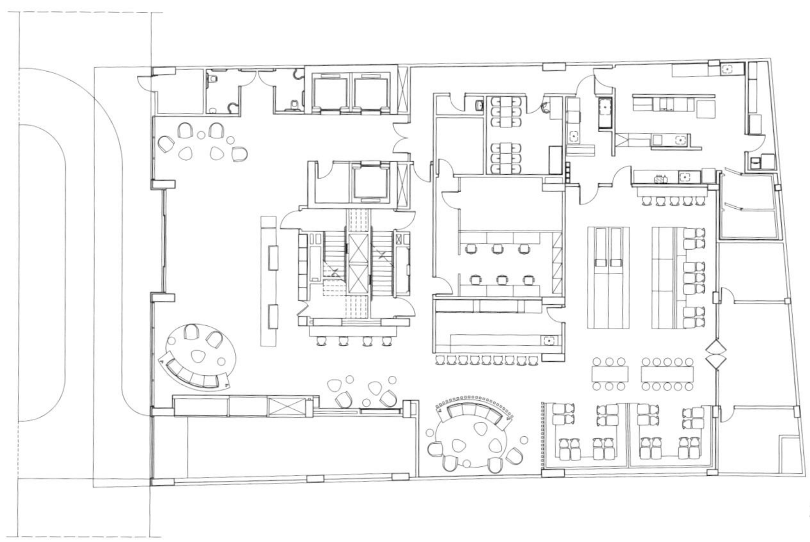

2

Planta Baixa Tipo *Typical floor plan* **1**

Planta Baixa Térreo *Ground level plan* **2**

Ano *Year* **2014**

Área construída *Built area* **9.200 m²**

HOTEL OTHON PALACE

OTHON PALACE HOTEL

Há 50 anos, Artur Lício Pontual e Davino Pontual venceram um concurso privado de arquitetura com o projeto do Rio Othon Palace Hotel, que previa 628 módulos de quartos, altura de 100 m em relação ao nível do mar e inúmeras vagas para automóvel. Tinha início, naquele momento, a história da Pontual Arquitetura.

Construído no terreno localizado nas esquinas da avenida Atlântica, ruas Xavier da Silveira e Aires Saldanha, Copacabana, RJ, o Rio Othon Palace apresenta 2 subsolos e caixas-d'água abaixo destes, ocupando quase a totalidade do terreno e funcionando como a fundação em radier do prédio. A altura de 100m, bem acima do gabarito de 12 pavimentos, máximo permitido para o local, atendeu à legislação da prefeitura, que visava incentivar a construção de hotéis na orla, com objetivo de ativar o turismo na cidade.

Todos os quartos têm pequenas sacadas, pré-moldadas de concreto, com o objetivo de facilitar a limpeza dos vidros. As portas dos quartos voltadas para as fachadas somente são abertas para limpeza. Sensores acusam na sala de controle caso sejam abertas, evitando, assim, a penetração da maresia no ambiente. O conjunto de piscinas fica na cobertura, de onde se tem uma vista deslumbrante da avenida Atlântica, do mar e das montanhas.

Em razão do prazo apertado da obra, optou-se por cravar estacas metálicas, escavar o 1° subsolo e construir a laje do térreo. Assim, a construção foi feita, ao mesmo tempo, para baixo (subsolos) e para cima.

Fifty years ago, Arthur Lício Pontual and Davino Pontual won a private architectural competition with the Rio Othon Palace Hotel project, which estimated 628 rooms, height of 100 meters (328 feet) above sea level and numerous parking spaces. The story of Pontual Arquitetura began at that moment.

Built on the lot located on the corners of Avenida Atlântica, Xavier da Silveira and Aires Saldanha streets, in Copacabana, Rio de Janeiro, Rio Othon Palace has 2 underground floors, and water storage tanks below these, which occupy almost the entire lot and function as the raft foundation of the building. The height of 100 meters (328 feet), above the city Height of Buildings of 12 floors, maximum allowed for the place, complied with the city hall legislation, which aimed to encourage the construction of hotels on the beachfront, in order to stimulate tourism in the city.

All the rooms have small balconies, precast in concrete, in order to facilitate the cleaning of the windows. The bedroom doors facing the facades only open for cleaning. Sensors sound off in the control room if they are opened, avoiding entrance of sea air in the environment. The pools are on the rooftop, from where there is a breathtaking view of the Avenida Atlântica, the sea and the mountains.

Due to the tight deadline of the project, the team decided to drive metal piles, excavate the 1st basement and build the ground floor slab. Thus, the construction was done at the same time downward (subsoils) and upward.

HOTEL IBIS RJ SANTOS DUMONT

IBIS RJ SANTOS DUMONT HOTEL

O Hotel Ibis localizado à avenida Marechal Câmara, 280, no Centro do Rio de Janeiro, possui 11.730m² de área construída, distribuída entre subsolo, com 23 vagas; térreo; sobreloja com restaurante; 1 pavimento de serviços com 8 quartos e área mecânica; 8 pavimentos tipo, que comportam 330 quartos; e cobertura, onde estão instalados os equipamentos. Sua construção data de 2004, tendo sido o primeiro hotel da rede Accor projetado pela Pontual Arquitetura.

O volume do prédio foi definido segundo o plano urbanístico da região, adequando altura e número de pavimentos, galeria coberta para pedestres e ainda uma rua projetada seccionando a profundidade do terreno em duas áreas, porém permitindo construir sobre a rua. Isso obrigou que fosse projetado um teto rebaixado para passagem das instalações do edifício sobre a rua.

Até o primeiro pavimento do hotel, foi usado sistema estrutural convencional, com pilares, vigas e laje. Os 8 pavimentos de quartos foram construídos em alvenaria de bloco de concreto autoportante e laje. Todos os banheiros dos 330 quartos foram pré-fabricados e trazidos de São Paulo, içados ao nível dos pavimentos, deslocados até sua localização e instalados, com sucesso.

The Hotel Ibis located on Avenida Marechal Câmara, 280, in Downtown Rio de Janeiro, has 11,730m² of built area distributed among basement, with 23 parking spaces; ground floor; mezzanine with restaurant; a service floor with 8 rooms and a mechanical area; 8 typical floor plans, with 330 guest rooms; and the rooftop, where the equipment is installed. Its construction dates back to 2004 and it was the first hotel in the Accor chain designed by Pontual Arquitetura.

The volume of the building was defined according to the urban plan of the region, adjusting height and number of floors, covered marquee for pedestrians and a street designed sectioning the depth of the lot in two areas, but allowing to build above the street. This caused a drop ceiling to be designed in order to pass the building's facilities over the street.

Until the first floor of the hotel, a conventional structural system was used, with pillars, beams and slab. The 8 guest room floors were built in freestanding concrete block masonry and slab. All bathrooms in the 330 guest rooms were prefabricated and brought from São Paulo, hoisted at floor level, moved to their location and successfully installed.

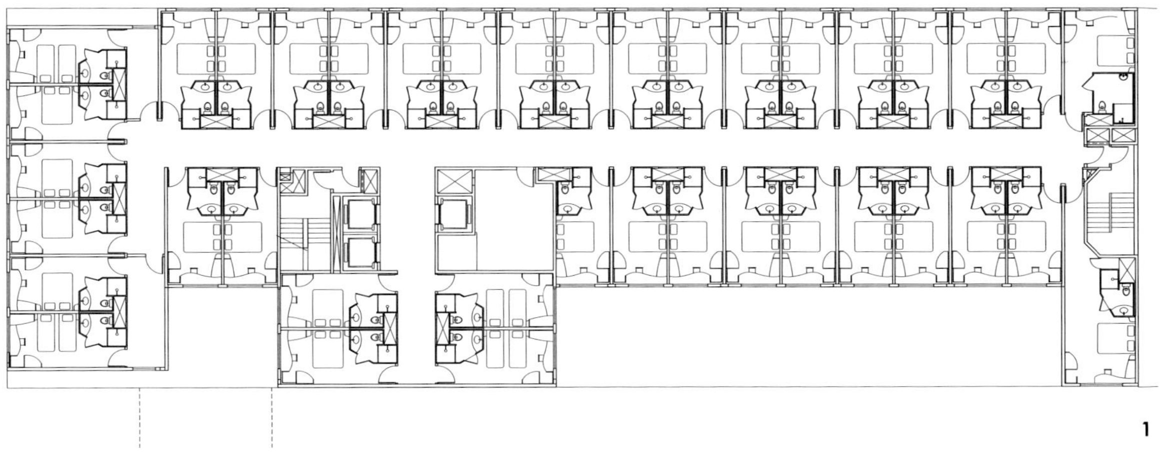

1

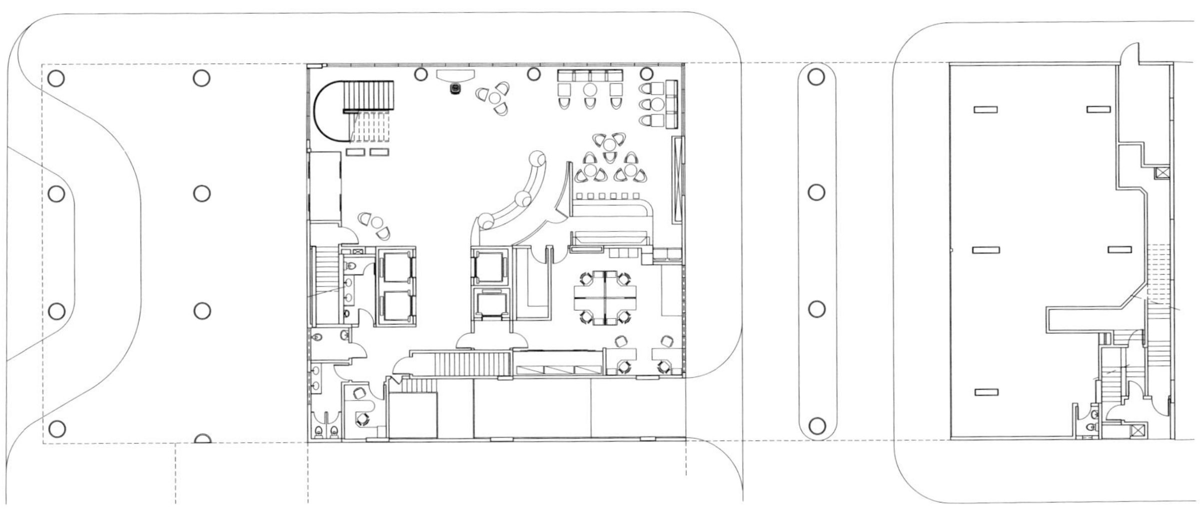

2

Planta Baixa Tipo *Typical floor plan* **1**

Planta Baixa Térreo *Ground level plan* **2**

Ano *Year* **2004**

Área construída *Built area* **11.730 m²**

NOVOTEL RJ SANTOS DUMONT

NOVOTEL RJ SANTOS DUMONT

O Novotel localizado à avenida Marechal Câmara, 300, foi projetado em 2007 pela Pontual Arquitetura e está situado em uma região movimentada no Centro do Rio de Janeiro, próximo ao Aeroporto Santos Dumont.

Seu terreno possui 945m², e sua área construída é de 11.900m². O edifício é constituído de 4 subsolos, com 65 vagas de automóveis; térreo, com galerias para pedestres, recepção, bar e estar; o 2° pavimento, onde se encontra o restaurante; o 3° pavimento, onde se localiza o centro de convenções; e mais 11 pavimentos, onde estão distribuídos os 150 quartos do hotel. Coroando o prédio, tem-se o pavimento mecânico.

Um dos desafios do projeto foi adequar o nível e as dimensões originais do terreno ao programa exigido, uma vez que a legislação estabeleceu altura máxima de 30,45m, e o projeto de alinhamento previa uma galeria de 7m de largura, ligando a avenida Marechal Câmara à rua atrás do terreno. Felizmente, a Secretaria Municipal de Urbanismo permitiu deslocá-la e encostá-la ao lote vizinho.

O sistema construtivo do Novotel apresenta pilares, vigas e lajes, diferenciando-o do Hotel Ibis, ao qual é geminado. Os banheiros dos quartos, assim como ocorreu no Ibis, foram pré-fabricados em São Paulo, e as esquadrias possuem tratamento acústico, de forma a eliminar o ruído externo, em razão da proximidade do Aeroporto Santos Dumont.

The Novotel located on Marechal Câmara Avenue, 300, was designed in 2007 by Pontual Arquitetura and is situated in a busy area in downtown Rio de Janeiro, near Santos Dumont Airport.

Its lot has 945m², and the built area is 11,900m². The building consists of 4 basements, with 65 parking spaces; ground floor, with pedestrian marquee, reception, bar and living area; the 2nd floor, where the restaurant is located; the 3rd floor, where the convention center is located; and eleven other floors, where the hotel's 150 guest rooms are distributed. Crowning the building is the mechanical floor.

One of the challenges of the project was to adjust the original level and dimensions of the lot to the required program, since the legislation established a maximum height of 30.45m, and the building alignment included a 7m wide marquee connecting Marechal Camera Avenue to the street behind the lot. Fortunately, the Municipal Department of Urbanism allowed it to be moved to the limit of the neighboring lot.

Novotel's building system features pillars, beams and slabs, differentiating it from the Ibis Hotel, to which it is connected. The bathrooms in the rooms, as was the case with the Ibis, were prefabricated in São Paulo, and the window frames have acoustic treatment, in order to eliminate external noise, due to the proximity of Santos Dumont Airport.

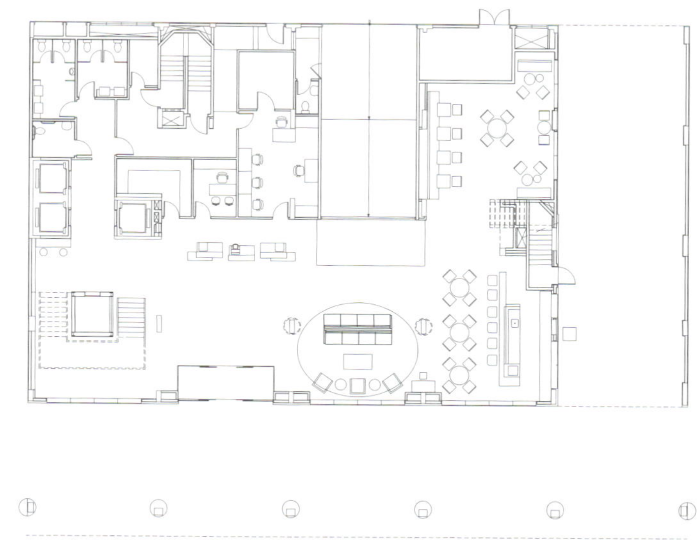

1

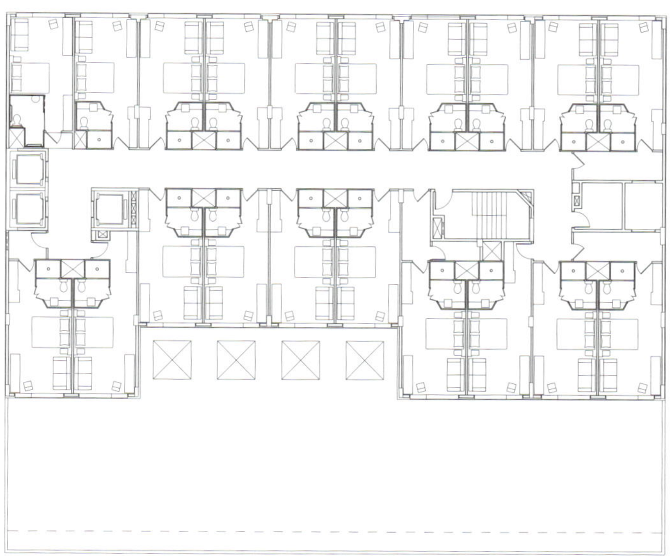

2

Planta Baixa Tipo *Typical floor plan* **1**
Planta Baixa Térreo *Ground floor plan* **2**

Ano *Year* **2007**
Área construída *Built area* **11.900 m²**

HOTEL IBIS COPACABANA POSTO 2

BIS COPACABANA POSTO 2 HOTEL

Projetado pela Pontual Arquitetura em 2011, o Hotel Ibis Viveiros de Castro está situado à rua Ministro Viveiros de Castro, 134, no charmoso bairro de Copacabana, Rio de Janeiro.

Sua área construída é de 6.125m². O embasamento da edificação apresenta subsolo, com 10 vagas de automóveis; andar térreo; 2° e 3° pavimentos. Logo acima, completam a edificação 8 pavimentos tipo afastados das divisas, coroados por um pavimento mecânico e casa de máquinas. Os 128 quartos do hotel estão distribuídos entre o 2° e o 3° pavimento e os 8 pavimentos tipo.

Em seus 50 anos de existência, a Pontual projetou diversos hotéis, alguns em ruas com galeria para pedestres, com objetivo de proteger o acesso dos hóspedes às portarias dos estabelecimentos. Entretanto, em ruas sem galeria, apesar de a cidade estar localizada nos trópicos, a legislação urbanística do Rio de Janeiro não permite a construção de marquises, que entendemos ser um equívoco a se corrigir.

Designed by Pontual Arquitetura in 2011, the Ibis Hotel Viveiros de Castro is located on Ministro Viveiros de Castro Street, 134, in the charming neighborhood of Copacabana, Rio de Janeiro.

Its built area is 6,125m². The foundation of the building has basement, with 10 parking spaces; ground floor; 2nd and 3rd floors. Just above, 8 typical floor plans setback from the lot boundaries complete the building, topped by a mechanical floor and machine room. The hotel's 128 guest rooms are distributed between the 2nd and 3rd floors and the 8 typical floor plans.

In its 50 years of existence, Pontual designed several hotels, some on streets with a pedestrian marquee, in order to protect the guest's access to the building's main entrances. However, on streets without a marquee, although the city is located in the tropics, Rio de Janeiro's urban planning legislation does not allow the construction of marquees. We understand this as a misunderstanding to be corrected.

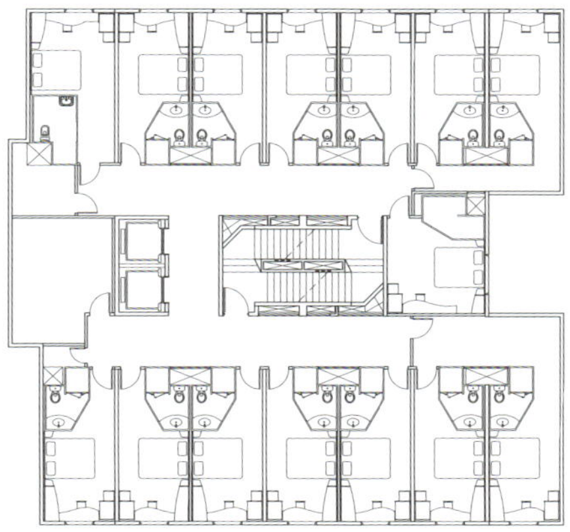

1

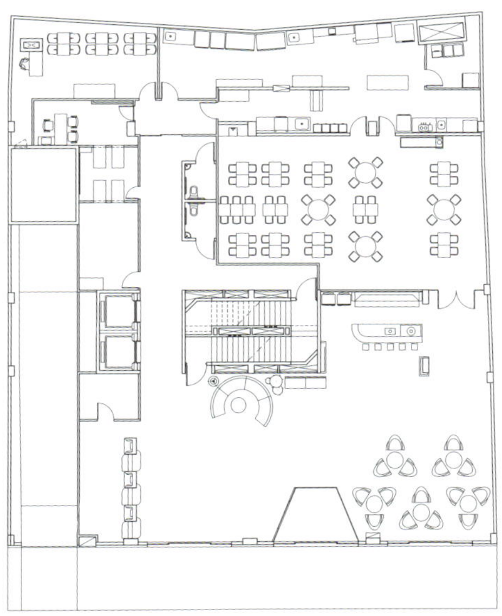

2

Planta Baixa Tipo *Typical floor plan* **1**

Planta Baixa Térreo *Ground floor plan* **2**

Ano *Year* **2011**

Área construída *Built area* **6.125 m²**

HOTEL IBIS RJ BOTAFOGO

IBIS RJ BOTAFOGO HOTEL

O Hotel Ibis está localizado à rua Paulino Fernandes, 39, Botafogo, Rio de Janeiro. Seu projeto data de 2009 e contempla 10.260m² de área construída. Os dois subsolos comportam 59 vagas de automóveis; no térreo, estão situados recepção, estar, bar e duas lojas com 300 m² cada.

Para o segundo pavimento, foram projetados o restaurante, a cozinha e serviços. Nos 8 pavimentos tipo, estão distribuídos 240 quartos. Coroando o prédio, o pavimento mecânico e a casa de máquinas dos elevadores.

Inicialmente, o projeto para embarque e desembarque dos hóspedes seria pela rua Prof. Álvaro Rodrigues. Entretanto, a rua apresentava intenso tráfego de veículos, e, por essa razão, o acesso à portaria foi modificado para a esquina desta rua com a rua Paulino Fernandes, por onde também é feito o acesso aos subsolos.

The Ibis Hotel is located at Paulino Fernandes Street, 39, Botafogo, Rio de Janeiro. Its project dates from 2009 and contemplates 10.260m² of built area. The 2 basements comprise 59 car spaces; on the ground floor, are located reception, lounge, bar and 2 shops with 300m² each.

The restaurant, the kitchen and service areas were designed on the second floor. On the 8 typical floor plans, 240 guest rooms are distributed. Topping the building are the mechanical floor and the machine room for the elevators.

Initially, the project for arrival and departure of guests would be on the street Prof. Álvaro Rodrigues. However, the street had heavy traffic and, for this reason, access to the main entrance was modified to the corner of this street with Paulino Fernandes Street, through which access is also made to the basements.

ibis HOTEL

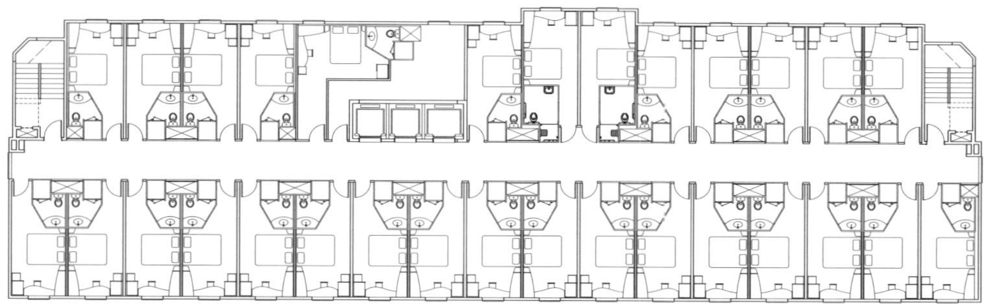

1

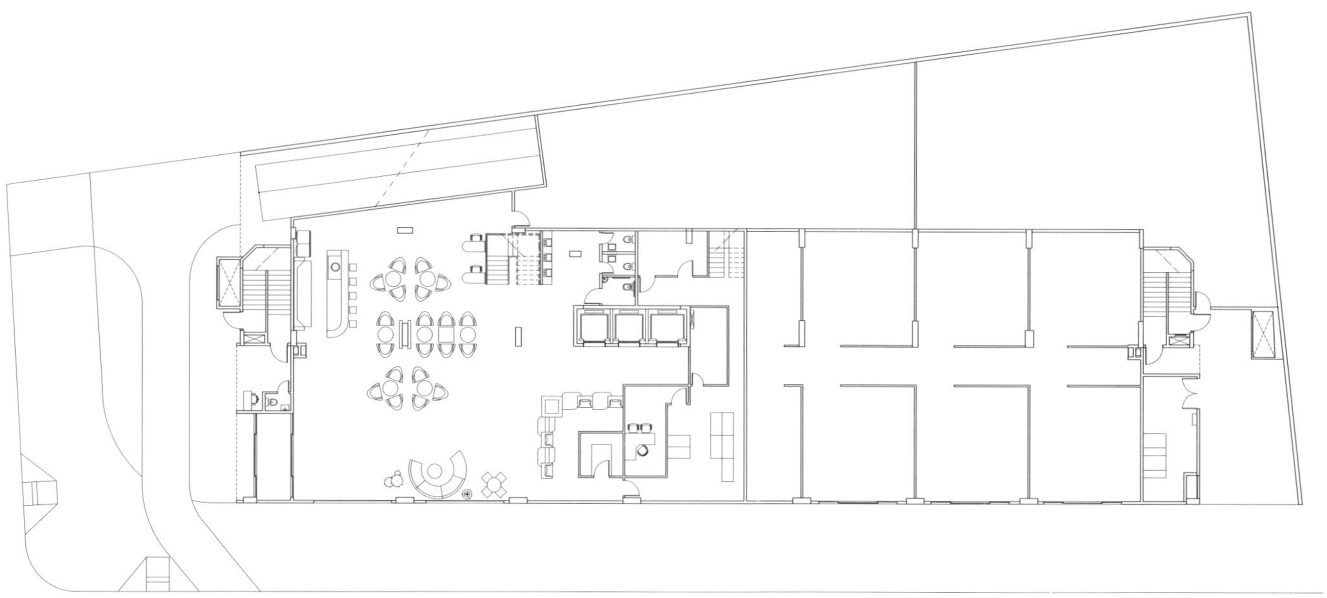

2

Planta Baixa Tipo *Typical floor plan* **1**

Planta Baixa Térreo *Ground floor plan* **2**

Ano *Year* **2009**

Área construída *Built area* **10.260 m²**

HOTEL IBIS RJ NOVA AMÉRICA

IBIS RJ NOVA AMERICA HOTEL

Os edifícios dos hotéis Ibis e Ibis Budget estão localizados no Shopping Nova América, à avenida Pastor Martin Luther King Junior, 126, Del Castilho, Rio de Janeiro. São 2 prédios geminados, projetados sobre o subsolo e os 6 pavimentos de estacionamento já construídos no shopping.

Com 7.490m² de área construída, o Hotel Ibis conta com 13 pavimentos tipo e 234 quartos, além do pavimento térreo e de 1 pavimento mecânico.

Já o Hotel Ibis Budget possui 4.920m² de área construída, distribuída entre térreo, 12 pavimentos tipo com 192 quartos, além de 1 pavimento mecânico.

Quando a Pontual foi contratada para este projeto, os pavimentos do estacionamento do Shopping já estavam construídos. Assim, o grande desafio deste projeto foi atender o programa hoteleiro dentro das medidas desses pavimentos, que apresentavam pés-direitos muito baixos, principalmente o pavimento térreo, onde estão localizados recepções, estar, restaurantes, cozinha, etc.

The buildings of the Ibis and Ibis Budget hotels are located at Shopping Nova América, on Pastor Martin Luther King Junior Avenue, 126, Del Castilho, Rio de Janeiro. They are two connected buildings, designed above the basement and six parking floors already built in the mall.

With 7,490m² of built area, the Ibis Hotel has thirteen typical floor plans and 234 rooms, in addition to the ground floor and a mechanical floor.

The Ibis Budget Hotel has 4,920m² of built area, distributed among ground floor, twelve typical floor plans with 192 rooms, in addition to a mechanical floor.

When Pontual was contracted for this project, the Shopping parking floors were already built. Thus, the great challenge of this project was to meet the hotel program within the measures of these floors, which had very low ceiling height, especially the ground floor, where receptions, living, restaurants, kitchen, etc. are located.

ibis
ibis budget
Bem-vindo
ibis
BEM-VINDO

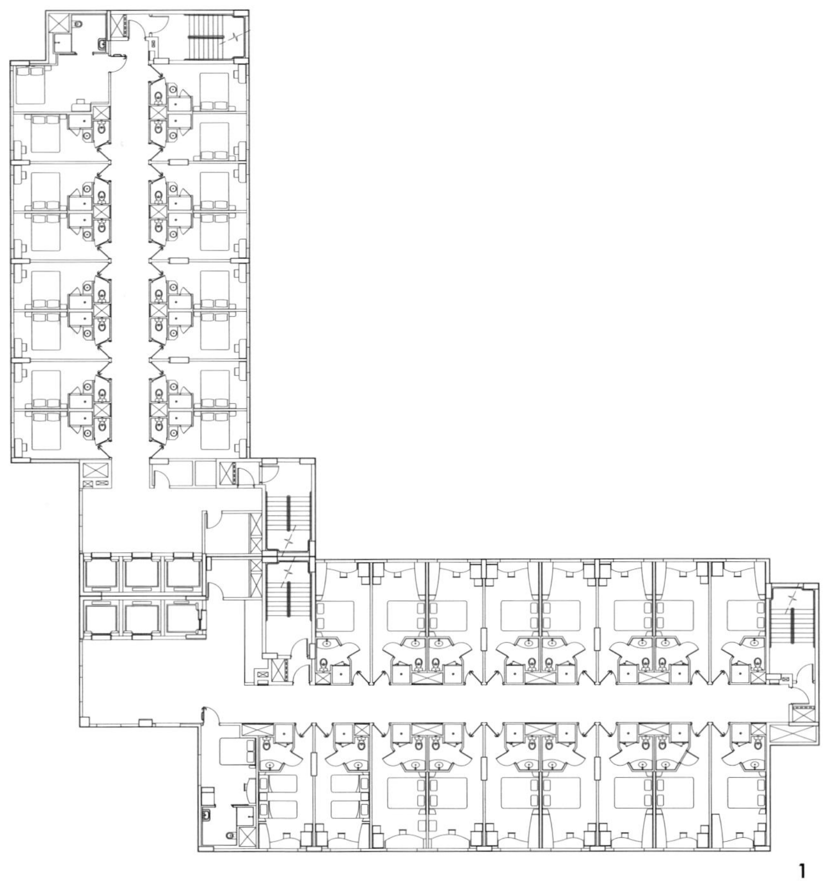

Planta Baixa Tipo *Typical floor plan* **1**

Planta Baixa Térreo *Ground floor plan* **2**

Ano *Year* **2013**

Área construída *Built area* **7.490 m²**

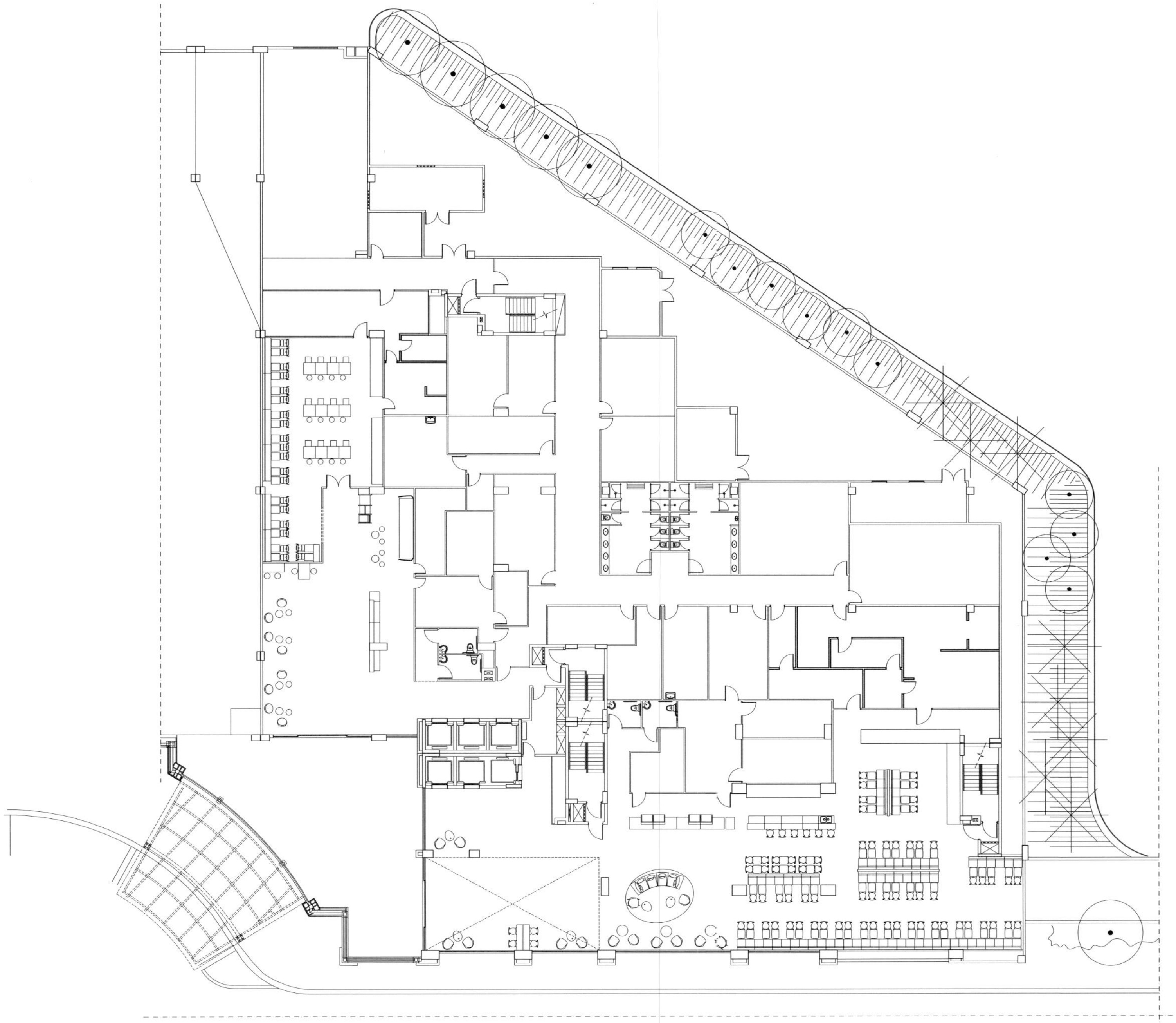

2

RESIDÊNCIA
RESIDENTIAL

A Pontual Arquitetura, ao longo de sua história, assinou construções multifamiliares, unifamiliares e grupamentos habitacionais em diversas áreas do Rio de Janeiro e outros estados.

Os projetos unifamiliares apresentam algumas particularidades, pois é possível criar um vínculo com o cliente e realizar reuniões frequentes para tomada de decisão, nas quais são recebidas as solicitações que estabelecem múltiplos parâmetros para o projeto. É imprescindível que cada detalhe seja meticulosamente pensado , uma vez que influenciará diretamente no resultado final e , consequentemente, no bem-estar e conforto dos moradores. São projetos exclusivos e normalmente mais focados em acabamentos, marcas e estilos, além de possuírem menos urgência e mais ousadia.

Para os multifamiliares, o fator de venda entra na equação, e as imobiliárias contribuem com informações variadas na busca de atrair o mercado naquele momento. As tendências mais valorizadas devem ser observadas e aplicadas na construção.

Portanto, fica claro que criar residências é, também, criar estilos de vida e influenciar o cotidiano das famílias que ali residirão.

Throughout its history, Pontual Arquitetura has designed multifamily and single-family housing units and housing complexes in several areas in Rio de Janeiro and other states.

Single-family projects present some particularities, since it is possible to create a bond with the client and hold frequent meetings for decision-making, in which the requests that establish multiple parameters for the project are received. It is imperative that every detail is meticulously thought out, since it will directly influence the final result and, consequently, the well-being and comfort of the residents. They are exclusive designs and usually more focused on finishes, brands and styles, besides being less urgent and more bold.

The multifamily housing projects have the sales factor in the equation, and the real estate companies contribute with varied information in order to attract the market at that moment. The most valued trends should be observed and applied in the construction.

Therefore, it is clear that creating homes is also to create lifestyles and influence the daily lives of families who will reside there.

RESIDÊNCIA FERNANDO MOTTA

FERNANDO MOTTA RESIDENCE

Com 700m² de área construída, a casa de praia foi projetada em terreno de forma trapezoidal, com área de 4.500m² em declive acentuado, 30m de testada voltada para o mar. O terreno é cortado pela Estrada do Contorno paralela à testada.

Em razão da declividade acentuada do terreno, a casa foi projetada em diversos níveis. No mais baixo, pouco acima do nível da maré alta, estão a garagem dos barcos, o *deck* social, a churrasqueira e os sanitários. No nível logo acima, as salas de estar, jantar, cozinha, setor de serviços e, no prolongamento do estar, um *deck*, com uma deslumbrante vista. Seis suítes, dispostas 2 em cada platô e com terraços com vista para o mar, compõem os 3 níveis superiores. No último platô, estão as vagas para os automóveis.

Toda a cobertura da casa é de lajes pré-moldadas de concreto acompanhando a declividade do terreno. Sobre ela, uma manta asfáltica impermeabilizante verde-musgo integra a edificação à vegetação preservada em grande área do terreno, que tomou também os vazios entre as cortinas de contenção e a estrutura da casa com o passar do tempo, resultando uma especial integração da obra do homem com a natureza.

With 700m² of built area, the beach house was designed in a trapezoidal shaped lot, with an area of 4,500m² on an accentuated slope and 30m of ocean frontage. The terrain is cut by the Estrada do Contorno road parallel to the front.

Due to the steep slope of the lot, the house was designed on several levels. At the bottom, just above the level of the high tide, are the boathouse, the social deck, the grill and bathrooms. On the next level are the living and dining rooms, kitchen, service sector, and on the extension of the living is a deck with a breathtaking view. Six suites, arranged 2 on each plateau and with terraces facing the sea, constitute the three upper levels. On the highest plateau are located the parking spaces.

The entire rooftop of the house is made of precast concrete slabs, which follow the shape of the slope. On top of it, a moss-green waterproof asphalt membrane integrates the building with the vegetation preserved in a large area of the land. The vegetation also grew between the retaining wall and the structure of the house as time went by, resulting in a special integration of the work of the man and nature.

RESIDENCIAL RESERVA DO RIO GRANDE

RESIDENCIAL RESERVA DO RIO GRANDE

Empreendimento residencial localizado à Estrada do Rio Grande, 1240, na Taquara, RJ, em terreno com 28.000 m², densamente arborizado, dividido em duas áreas por um riacho.

Inicialmente pretendia-se construir 200 unidades habitacionais de 4 quartos. Em razão da existência de inúmeras árvores de grande porte, optou-se em rever o projeto de forma tal a não retirar nenhuma espécie. Partindo deste princípio, resultou um projeto com 149 unidades de 2 e 3 quartos distribuídos em pequenos blocos de variadas dimensões, com 2 e 3 pavimentos, localizados nos espaços disponíveis entre as árvores.

Em consequência da canalização do riacho e respeitada sua faixa de domínio, resultou grande espaço, onde foram projetados a via de acesso, salão de festas, piscina, etc.

No bosque preservado, incluindo o lago, foi projetada a recreação infantil.

Duas semanas após o lançamento do empreendimento, todas as unidades haviam sido vendidas.

A residential development located at Rio Grande Road, 1240, in Taquara, Rio de Janeiro, on a 28,000m² lot, densely wooded, divided into two areas by a stream.

Initially, the intention was to build 200 four-bedroom units. Due to the existence of numerous large trees, the project was reviewed so as to not remove any species. This resulted in a project with 149 units of 2 and 3 bedrooms distributed in small blocks of various dimensions, with 2 and 3 floors, located in the spaces available between the trees.

Because of the channeling of the stream and respecting its domain range, great space was obtained, where the access road, party hall, swimming pool, etc. were designed.

In the preserved woods, including the lake, was designed the children's recreation area.

Two weeks after the launch, all units had been sold.

PLANEJAMENTO URBANO

URBAN PLANNING

RICARDO DUARTE PONTUAL

Nos cinquenta anos de existência da Pontual, o Brasil experimentou uma fantástica evolução demográfica. Do final da década de 60, a população total do país, que era de 93 milhões de pessoas, passou a cerca de 207 milhões na atualidade, bem mais do que dobrando nesse período. O mais notável é esse crescimento ter se concentrado nas cidades, uma vez que a população urbana passou de 56% do total para quase 90% na atualidade. Isso representou fantásticas pressões e transformações nos centros urbanos e, também, desafios para as instituições públicas de todos os níveis e para os profissionais que trabalham com temas relacionados a produção e reorganização dos espaços urbanos e habitacionais. Os efeitos de tais pressões continuarão a se fazer presentes pelo menos até as próximas duas décadas, quando, só então, se projeta a estabilização e/ou o declínio do crescimento populacional.

Desde o início das suas atividades, a Pontual tem elaborado diversos estudos e planos urbanísticos — principalmente relacionados às intervenções habitacionais de grande porte, mobilidade urbana, reordenamento territorial e desenho urbano. Exemplos mais significativos da experiência da empresa nessas linhas de atividades são registrados a seguir.

Em 1978, a empresa venceu o concurso de âmbito nacional para o projeto de um grupamento habitacional do Inocoop, com 1.232 unidades, no bairro do Andaraí, Rio de Janeiro.

In the fifty years of Pontual's existence, Brazil experienced a fantastic demographic evolution. At the end of the 1960s, the country's total population of 93 million people rose to about 207 million today, more than doubling in that period. Most notably, this growth has been concentrated in cities, as the urban population has grown from a total of 56% to almost 90% today. This represented fantastic pressures and transformations in the urban centers and brought challenges to public institutions at all levels and for professionals working on issues related to the development and reorganization of urban spaces and housing units. The effects of such pressures will continue to be present for at least the next two decades, and only then is the stabilization and / or decline of population growth expected.

Since the beginning of its activities, Pontual has developed several studies and urban planning—mainly related to large-scale housing interventions, urban mobility, territorial reordering and urban design. More significant examples of the company's experience in these lines of business are listed below.

- In 1978, the company won the national competition for the project of a Inocoop housing group, with 1,232 units, in the district of Andaraí, Rio de Janeiro.

A Pontual projetou milhares de unidades habitacionais, entre elas casas, prédios isolados, grupamentos de casas e prédios, dos quais destacamos dois, pela semelhança entre os terrenos, ambos densamente arborizados, nos quais o desafio foi a preservação da vegetação, resolvido com sucesso.

O primeiro, localizado na estrada Ten. Cel. Muniz Aragão, 898, Jacarepaguá, RJ, com área de 47.051,00m^2, foi subdividido em cinco lotes: um para escola, outro para centro comercial e os demais para habitações, onde foram projetadas 864 unidades de um, dois e três quartos, distribuídos em 288 apartamentos por lote.

Esse projeto exigiu grande habilidade na locação dos blocos entre as árvores — garantindo a preservação da cobertura vegetal, com a consequente amenização do clima e a permeabilidade das águas no solo, sendo necessário o transplante de algumas espécies.

O outro obstáculo foi atender à exigência do IPHAN para que os pedestres não tivessem a visão da Igreja de Nossa Senhora da Penna impedida, limitando, assim, a locação e a altura do prédio do Centro Comercial, facilitando a sua natural integração ao conjunto urbano do entorno.

O segundo empreendimento, localizado à estrada do Rio Grande, 1240, na Taquara, RJ, em terreno com 28.000m^2, também densamente arborizado, foi inicialmente projetado para receber

-Pontual designed thousands of housing units, including houses, isolated buildings, groupings of houses and buildings, of which we selected two, due to the similarity between the heavily forested lands, in which the challenge was the preservation of vegetation, successfully solved.

The first, located on Lieutenant Colonel Muniz Aragão Road, 898, Jacarepaguá, Rio de Janeiro, with an area of 47,051m^2, was subdivided into five lots; one for a school, another for a shopping center and the others for housing units, where 864 units of one, two and three rooms were designed, distributed in 288 apartments per lot.

This project demanded great skill in the location of the blocks between the trees—ensuring the preservation of the vegetation, resulting in mild climate and the permeability of the waters in the soil, being necessary to transplant some species.
The other obstacle was to meet IPHAN's requirement that pedestrians should not have the vision of the Church of Our Lady of Penna blocked, thus limiting the location and height of the Shopping Center building, facilitating its natural integration into the urban set of the environment.

The second development, located at Rio Grande Road, 1240, in Taquara, Rio de Janeiro, on 28,000m^2 of land, also densely wooded, was initially designed to receive two hundred units; however, by the

duzentas unidades; porém, pela decisão de ser preservado o máximo de espécies possível, o projeto resultou com 149 unidades de dois e três quartos, distribuídos em pequenos blocos de dois e três pavimentos. Após o lançamento, todo o empreendimento foi vendido em apenas duas semanas, garantindo ao cliente um mais rápido retorno do seu investimento pelo fato de o projeto haver atendido bem às expectativas do mercado habitacional.

Tal variedade das escalas de intervenção e de amplitude dos condicionantes — inclusive os de natureza ambiental e de resiliência - envolvidos em cada uma delas revela a capacidade de a empresa enfrentar os mais diferentes desafios.

Concurso Rio Cidade (PMRJ/IAB- 1994) – Reurbanização da Estrada do Galeão, Ilha do Governador, RJ.
Projeto da Pontual obteve o 1° Lugar

A Ilha do Governador concentra atividades estratégicas de apoio a serviços aeroportuários e de instalações militares de importância nacional. Com a implantação desse projeto, a intervenção do Rio Cidade solucionou os grandes engarrafamentos diários que ocorriam anteriormente nessa via, na qual circulam mais de 106 mil veículos-dia, beneficiando uma população residente na Ilha do Governador que hoje alcança 212 mil pessoas. Melhorou a segurança e acessibilidade ao comércio e serviços locais. Com a elevação do padrão das condições urbanísticas gerais, inclusive do mobiliário urbano, ajudou a criar uma forte identidade para a centralidade da

decision to preserve as many species as possible, the project resulted in 149 units of two and three-rooms, distributed in small blocks of two and three floors. After the launch, the entire development was sold in just two weeks, ensuring the client a faster return on the investment because the project had met the expectations of the housing market.

Such a variety of intervention scales and range of constraints—including environmental and resilience—involved in each of them reveals the ability of the company to face the most different challenges.

- Rio Cidade Contest (PMRJ/IAB- 1994) – Reurbanization of Galeão Road, Ilha do Governador, Rio de Janeiro.
Design by Pontual won 1st place

The implementation of this project generates a circulation by the Galeão Road of more than 106 thousand vehicles-day, benefiting a resident population in the Ilha do Governador district that now reaches 212 thousand people. The intervention of Rio Cidade solved the major daily traffic jams that had previously occurred along this route, organized and rationalized the transit of vehicles and people, improved security and accessibility to local commerce and services. With the elevation of the standard of general urban conditions, including street furniture, it helped to create a strong identity for the centrality of Ilha do Governador in the context of the other important neighborhoods of the city and the metropolis.

Ilha do Governador no contexto dos demais importantes bairros da cidade e da metrópole.

A obra, concluída em 1996, abrangeu uma área de 2,5ha, a construção de 3km de galerias pluviais, pavimentação de vias (2,5 mil m^2) e calçadas (26,5 mil m^2); 394 árvores plantadas; 11,7km de dutos de telefonias; e 15km de dutos da Light.

Olhando para o futuro, a Pontual — que espera completar seu primeiro centenário daqui a mais cinco décadas — pretende continuar seu permanente processo de aperfeiçoamento e de ampliação dos seus horizontes, contribuindo para atender às necessidades dos clientes e o alcance dos objetivos do desenvolvimento do país.

The construction, completed in 1996, covered an area of 2.5ha, the building of 3km of storm sewers, road pavement (2,500m^2) and sidewalks (26,500m^2); 394 trees planted; 11.7km of telephone ducts; and 15km of Light company ducts.

Looking to the future, Pontual—which expects to complete its first centenary in five more decades—intends to continue its ongoing process of improvement and expansion of its horizons, contributing to meet the needs of clients and to achieve the country's development objectives.

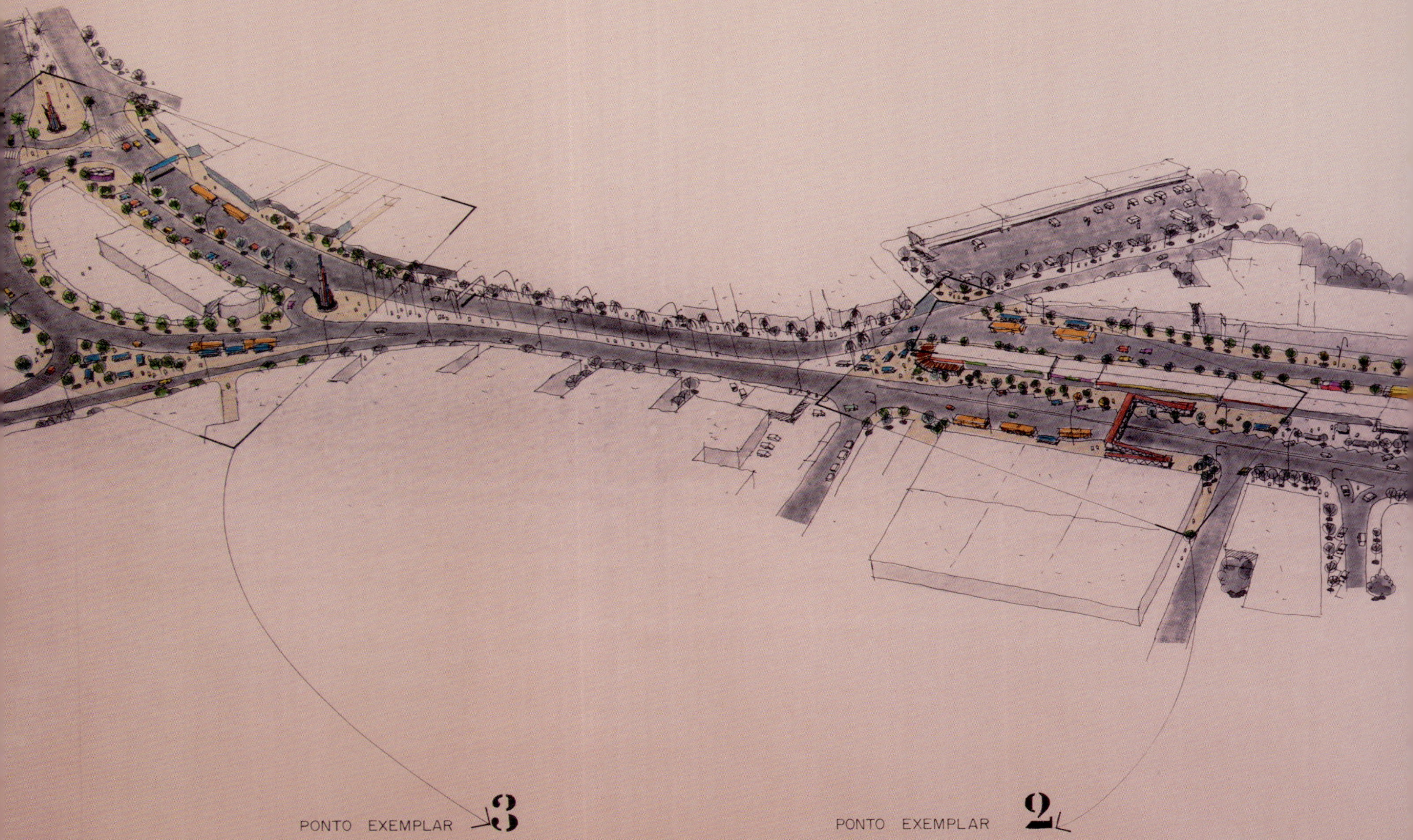
PONTO EXEMPLAR 3
PONTO EXEMPLAR 2

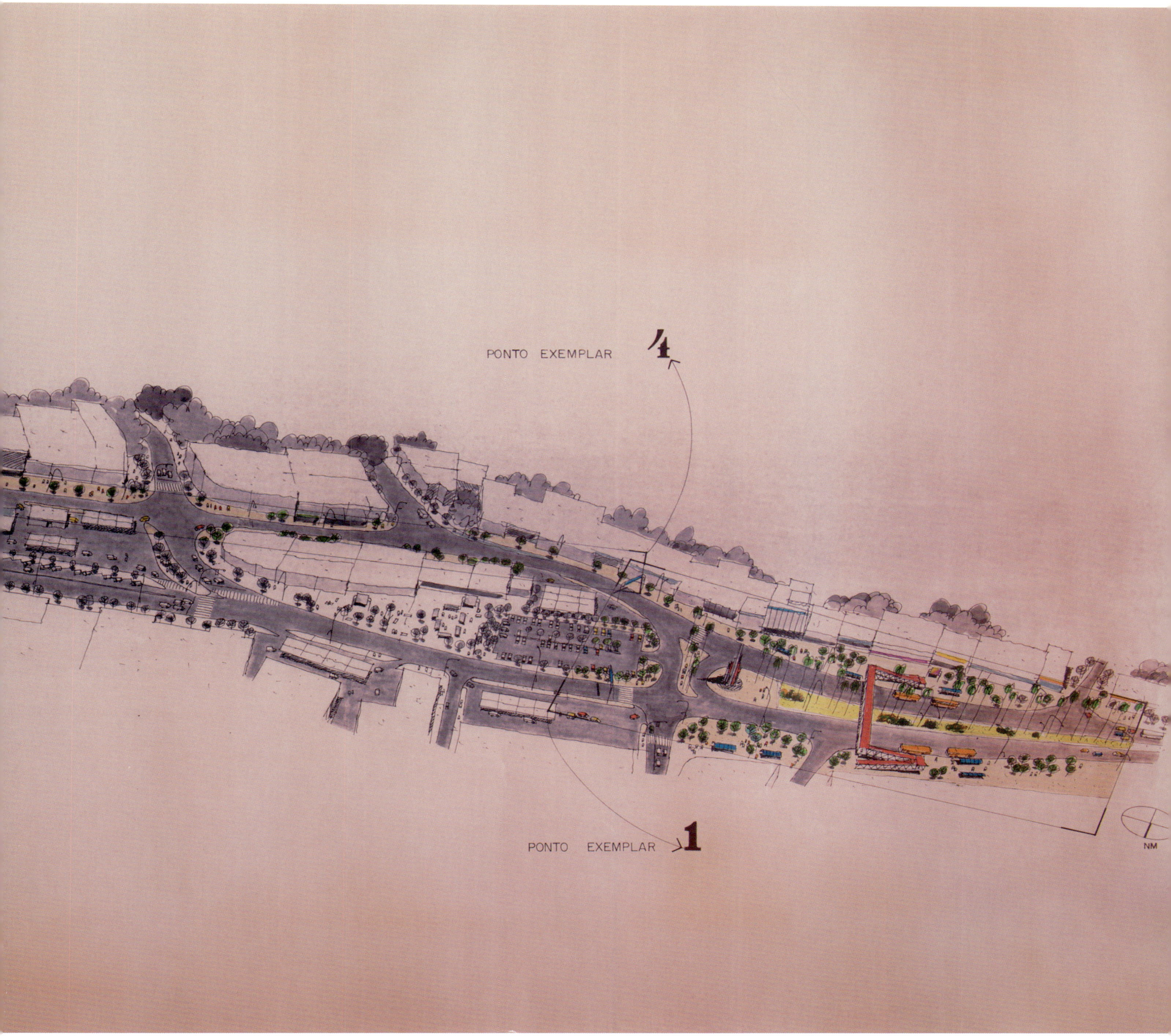
PONTO EXEMPLAR 4
PONTO EXEMPLAR 1
NM

A INOVAÇÃO RESIDE NA SIMPLICIDADE

THE INNOVATION RESIDES IN SIMPLICITY

Diferentemente de muitas empresas no mercado que confundem ousadia e atualização com complexidade e despropósito, a Pontual Arquitetura se inspira na simplicidade dos processos para buscar soluções eficientes e duradouras.

Unlike many companies in the market that confuse daring and update with complexity and nonsense, Pontual Arquitetura is inspired by the simplicity of the processes to seek efficient and lasting solutions.

Colorir para organizar.

No Rio Othon Palace, em 1975, um dos problemas mais comuns durante a construção era a falta de organização das instalações. As vigas eram perfuradas para que as tubulações penetrassem com facilidade, porém não existia distinção entre os diferentes furos. Com isso, as tubulações ficavam desorganizadas e havia grande dificuldade de realizar manutenções futuras.

Para solucionar essa questão, a Pontual começou a colorir cada furação, a fim de que elas se tornassem diferentes entre si. Dessa forma, cada instalador só podia utilizar um espaço específico para passar suas instalações, sistematizando e facilitando as identificações de cada uma em caso de manutenção.

Coloring to organize

At the Rio Othon Palace in 1975, one of the most common problems during construction was the lack of organization of the facility. The beams were drilled so that the pipes penetrated easily, but there was no distinction between the different holes. As a result, the pipes became disorganized and there was great difficulty in carrying out future maintenance.

To solve this, Pontual began to color each hole so that they would become different from each other. This way, each installer could only use a specific space to pass the installations, systematizing and facilitating the identifications of each one in case of maintenance.

No tabuleiro de xadrez, a inspiração da estratégia

O ano era 1975, e naquela época, para solucionar um problema de compartimentalização de funções e elementos no teto de uma construção, a Pontual Arquitetura buscou inspiração em um tabuleiro de xadrez. Para elementos tais como alto-falantes, grelhas de ar--condicionado, detectores e outros, uma bandeja preta era instalada. Para as luminárias, uma bandeja branca. Com isso, o teto se tornava modular e, consequentemente, mais organizado. Tal forma de distribuição foi aplicada em construções icônicas da empresa, como o prédio da White Martins, Linneo de Paula Machado e os edifícios 370 e 374 na Praia de Botafogo.

From the chessboard, the inspiration of strategy

The year was 1975, and at that time, to solve a problem of compartmentalization of functions and elements in the ceiling of a construction, Pontual Arquitetura sought inspiration on a chessboard. For elements such as speakers, air-conditioning grills, detectors and others, a black tray was installed. For the luminaires, a white tray. As a result, the ceiling became modular and, consequently, more organized. This form of distribution was applied to the company's iconic buildings, such as the White Martins building, the Linneo de Paula Machado and the buildings 370 and 374 at Botafogo Beach.

Uma ideia de otimização de espaço e tempo

Durante o projeto da IBM BRASIL, em 1973, para atender a necessidade da empresa de rápidas reorganizações de salas sem o transtorno de obras, os arquitetos da Pontual se inspiraram nas peças do Fusca e desenvolveram divisórias que permitem a modificação do *layout* físico de um espaço de forma rápida, com baixo custo e fácil manutenção. Essas peças são hoje as conhecidas divisórias retráteis.

An idea of space and time optimization

During the IBM BRASIL project in 1973, to meet the company's need for fast reorganization of offices without the inconvenience of improvements, Pontual's architects were inspired by the parts of the VW Beetle and developed room dividers that allow for quick modification of the physical layout of a space, with low cost and easy maintenance. These pieces are now the known retractable room dividers.

Inovação em climatização

A Torre Almirante, concluída em 2002, foi o primeiro projeto da Pontual Arquitetura a ter métodos de climatização através do piso. Isso porque, durante o seu desenvolvimento, surgiram diversas dificuldades no projeto que levaram os arquitetos encarregados a usar um sistema pioneiro no Rio de Janeiro, o insuflamento do ar condicionado sob o piso elevado dos pavimentos. Com isso, foi possível aumentar a altura útil do pavimento e se manter dentro dos limites de altura estabelecidos pela legislação, obtendo total aprovação da Hines, proprietária do imóvel. A aceitação da solução proposta levou a Pontual a aplicar o insuflamento pelo piso em muitos outros projetos.

Innovation in air conditioning

The Torre Almirante, completed in 2002, was the first project of Pontual Arquitetura to have air conditioning methods through the floor. This is because, during its development, several difficulties arose in the project that led the architects in charge to use a pioneer system in Rio de Janeiro, an under-floor air-conditioner distribution through a raised floor system. With this, it was possible to increase the useful clear height of the floor and stay within the limits of the Height of Buildings established by legislation, obtaining total approval from Hines, owner of the property. Acceptance of the proposed solution led Pontual to apply floor air-conditioner ducts in many other projects.

Laerte Lannes Bondim | Razão Engenharia Ltda.

No meu relacionamento com a Pontual Arquitetura, em diversos projetos de empreendimentos em que estive à frente, sempre fiquei satisfeito com o alto teor técnico e o profissionalismo da empresa e de seus profissionais.

Tem sido um relacionamento altamente produtivo e extremamente satisfatório em todos os aspectos, devendo-se, entretanto, ressaltar o conhecimento dos detalhes construtivos, o cumprimento dos prazos contratuais e o acompanhamento delicado de seus arquitetos aos projetos, de forma pessoal e atenta.

Esse conhecimento e essa dedicação têm permitido a perfeita execução dos nossos projetos, inclusive projetos comerciais altamente sofisticados, sempre dentro dos prazos e condições esperadas, com alta eficiência.

Posso afirmar que grande parte do nosso sucesso e especialmente dos projetos por eles concebidos e detalhados deve-se à capacidade e ao profissionalismo deste grande escritório de arquitetura que é a Pontual Arquitetura.

In my relationship with Pontual Arquitectura, in several projects in which I was team leader, I was always satisfied with the high technical content and professionalism of the company and its professionals.

It has been a highly productive and extremely satisfactory relationship in all aspects. We must, however, emphasize the knowledge of the constructive details, the fulfillment of the contractual deadlines and its architects dedicated monitoring to the projects, in a personal and attentive way.

This knowledge and dedication has allowed the perfect execution of our projects, including highly sophisticated commercial projects, always within the terms and conditions expected, with high efficiency.

I can say that a great part of our success and especially of the projects conceived and detailed by them is due to the capacity and professionalism of this great architecture firm that is Pontual Arquitetura.

Sig Empreendimentos Imobiliários Ltda.

Quando observamos o *skyline* do centro do Rio, fica evidente a contribuição positiva da Pontual Arquitetura para a identidade visual da cidade.

Ao longo desses anos, a parceria assertiva entre o escritório e a SIG Engenharia produziu edifícios que figuram como exemplares bem-sucedidos no cenário arquitetônico carioca, um mercado cada vez mais exigente.

Considerando o resultado positivo de todos os empreendimentos em que tivemos a enorme satisfação de trabalhar com a Pontual, temos, sem dúvida, a marca como sinônimo de sucesso.

When we observe the skyline of downtown Rio de Janeiro, it is evident the positive contribution of Pontual Arquitetura to the visual identity of the city.

Throughout these years, the assertive partnership between the firm and SIG Engenharia has produced buildings that are exemplary successes in the Rio de Janeiro architectural scenario, an ever so demanding market.

Considering the positive results of all the projects in which we had the great satisfaction of working with Pontual, we undoubtedly have the company as synonymous of success.

Francisco Sant'Anna | Santanna RJ Empreendimentos Ltda.

Me graduei em Engenharia Civil pela UERJ em 1975 e especializei-me em Construção Civil. Até hoje não encontrei nenhuma empresa de arquitetura como a Pontual, com seu grau de profissionalismo, seja em pontualidade na entrega de um projeto, seja em seu detalhamento, sua criatividade; enfim, tudo! Todos os projetos que foram desenvolvidos para minhas empresas de Incorporação e Construção (Machado de Sant'Anna Engenharia e Belfus Engenharia, com mais de 30 anos de atuação neste mercado) superaram quaisquer expectativas.

Continuem sempre brilhando com seu trabalho; vocês são um marco na área da Arquitetura no Rio de Janeiro e em todo o Brasil!

I got my degree in Civil Engineering from Universidade Estadual do Rio de Janeiro-UERJ in 1975 and I specialized in Civil Construction. Until today, I have not found any architectural firm like Pontual, with its level of professionalism, whether in project deadline punctuality, or in project detailing, or in its creativity; in other words, in everything! All the projects that were developed for my real estate development and construction companies (Machado de Sant'Anna Engenharia and Belfus Engenharia, with more than 30 years of experience in this market) surpassed any expectations.

Continue always shining with your work; you are a mark in the area of Architecture in Rio de Janeiro and in all of Brazil!

Carlos Bugarim | Galwan Construtora e Incorporadora Ltda.

Em dezembro de 2004, assumimos um grande desafio. Depois de construir o nosso primeiro hotel em Vitória, levamos aos investidores a oportunidade de construir o próximo hotel na cidade do Rio de Janeiro, naquela época muito promissor. Depois de muita procura, encontramos um terreno que achamos ideal, mas que já vinha com um projeto e um arquiteto junto.

Naquele momento, não podíamos imaginar o tamanho do "presente" que estávamos recebendo. A Pontual Arquitetura fez a diferença. A sua criatividade, qualidade, fácil trato e especialmente a sua ação para a tão importante atividade de compatibilização de todos os projetos fizeram com que os hotéis por nós idealizados tivessem sempre sua assinatura. Certamente continuará sendo o nosso grande parceiro. Obrigado, Pontual, por tornar o nosso desafio além de mais fácil, também mais agradável.

In December 2004, we took on a great challenge. After building our first hotel in Vitória, we offered the investors the opportunity to build the next hotel in the city of Rio de Janeiro, at that time very promising. After much time searching, we found a location that we thought was perfect, but that already came together with a project and an architect.

At that moment, we could not imagine the size of the "gift" we were getting. Pontual Arquitetura made the difference. Its creativity, quality, easy relationship and especially its action for the most important activity of compatibility of all the projects made the hotels we idealized always have their signature. The firm will certainly continue to be our great partner. Thank you, Pontual, for making our challenge easier and more enjoyable.

Fernando Kenworthy | Fibra Experts

Criatividade, tecnologia e permanente conexão com o futuro são atributos que sempre reforçaram nossa confiança na performance da Pontual Arquitetura.

Naturalmente, sem falarmos da incansável disposição de atender e da cativante simpatia de sua equipe. É um grande prazer trabalhar com vocês.

Parabéns, Davino, Paulo, Cristina e todo o time, por este momento de celebração e pela realização de tantos projetos que marcaram a paisagem do Rio de Janeiro e do Brasil. Entre eles, destaco o excepcional Porto Brasilis, na cidade maravilhosa.

Creativity, technology and permanent connection with the future are attributes that have always reinforced our confidence in the performance of Pontual Arquitetura.

Naturally, without mentioning the tireless willingness to meet our expectations and the captivating sympathy of the team. It is a great pleasure to work with you all.

Congratulations, Davino, Paulo, Cristina and all the team, for this moment of celebration and for the accomplishment of so many projects that marked the landscape of Rio de Janeiro and Brazil. Among them, I highlight the exceptional Porto Brasilis, in the "Cidade Maravilhosa" (Rio de Janeiro).

Rafael Birmann | Birmann S.A.

Meu primeiro projeto de prédios de escritórios foi o São Paulo Office Park, em 1980. Naqueles primórdios, iniciei conversas com os mais reconhecidos arquitetos de escritórios de São Paulo, mas não consegui decidir por nenhum deles. Meio que desesperado, fui falar com um arquiteto do Rio — Davino Pontual —, que, para minha grande satisfação, atendia os requisitos que nenhum outro tinha conseguido. Ele ouvia o que eu, como cliente, falava. Parece pouco, mas essa é característica rara na profissão. Pontual também trazia um interesse e uma compreensão das áreas técnicas como poucos. Pontual sabia como atender os requisitos dos meus clientes estrangeiros ao mesmo tempo que encontrava soluções de design e zoneamento que eu necessitava.

Contratei a Pontual Arquitetura para aquele primeiro prédio na hora, e a experiência foi tão frutífera que acabei contratando a Pontual para inúmeros outros projetos. Aprendi muito com eles e vencemos muitos desafios juntos. Aquela decisão lá atrás, de contratar a Pontual, foi uma de que jamais me arrependi.

My first office building project was the São Paulo Office Park, in 1980. In those early days, I started conversations with the most recognized office architects in São Paulo, but I could not choose any of them. Kind of desperate, I went to speak with an architect from Rio—Davino Pontual—who, to my great satisfaction, met the requirements that no other had achieved. He listened to what I, as a client, was saying. It sounds like little, but this is a rare characteristic in the profession. Pontual also brought an interest and an understanding of technical areas as few had. Pontual knew how to meet the requirements of my foreign customers while finding the design and zoning solutions that I needed.

I hired Pontual Arquitetura for that first building right away, and the experience was so fruitful that I ended up hiring Pontual for countless other projects. I learned a lot from them and we won many challenges together. That decision back there, to hire Pontual, was one I never regretted.

Rogerio Faco | Consultor Imobiliário

É difícil ser continuadamente um dos mais criativos escritórios de arquitetura do Brasil e combinar designs avançados e adequados à escala humana, tudo isso aliado a uma visão técnica que permite projetos executivos extremamente detalhados com a máxima eficiência.

Em décadas de relacionamento com toda a sua equipe, principalmente com Davino Pontual e Paulo Pires, estive envolvido em inúmeros projetos, atuando no planejamento e concepção de projetos comercias e residenciais. Eles são artistas, de qualidades pessoais excepcionais. Eles sempre encontram uma solução adequada à visão do cliente, permitindo uma interação eficiente entre o objetivo comercial e a alta qualidade arquitetônica que lhes é inerente. São sempre várias reuniões, produzindo diversos *sketches* e anteprojetos, que vão evoluindo gradativamente até se chegar ao projeto definitivo. Esses processos passam por um rigoroso aprimoramento técnico e comercial, e o resultado são projetos belíssimos e eficientemente adequados aos objetivos pretendidos.

Tem sido uma experiência maravilhosa trabalhar com eles todos esses anos, e posso afirmar que os resultados foram alcançados por todas as empresas que representei junto à Pontual Arquitetura, gerando dezenas de projetos que foram um sucesso tanto do ponto de vista comercial como da sua qualidade.

O resultado de tudo isso é um portfólio de projetos campeões e premiados e um dos mais diversificados de todos os escritórios brasileiros de arquitetura. É fantástico continuar com toda essa qualidade após décadas sempre no topo. É um privilégio termos uma empresa desse gabarito e me é muito grato considerá-los meus amigos pessoais.

It is difficult to be continuously one of Brazil's most creative architectural firms and combine advanced and human-scale designs, all this added to a technical vision that allows for extremely detailed executive designs with maximum efficiency.

In decades of relationship with all the team, mainly with Davino Pontual and Paulo Pires, I have been involved in countless projects, working in the planning and design of commercial and residential projects. They are artists of exceptional personal qualities. They always find a solution that is adequate to the client's vision, allowing an efficient interaction between the commercial objective and the high architectural quality inherent to them. There are always several meetings, producing various sketches and preprojects, which gradually evolve until reaching the definitive project. These processes undergo a rigorous technical and commercial improvement, and the results are beautiful designs efficiently adapted to the intended objectives.

It has been a wonderful experience working with them all these years, and I can say that the results were achieved by all the companies that I represented at Pontual Arquitetura, generating dozens of projects that were a success from the commercial point of view and from the quality.

The result of all this is a portfolio of champion and award winning projects and one of the most diversified of all Brazilian architecture firms. It is fantastic to continue with all this quality after decades always at the top. It is a privilege to have a company of this high quality and I am very grateful to consider them my personal friends.

Sérgio Francisco Monteiro de Carvalho Guimarães | Monteiro Aranha

Quando a Monteiro Aranha S.A. escolheu a Pontual Arquitetura para executar o projeto de nosso prédio, no centro do Rio de Janeiro, soubemos que teríamos como parceiros uma equipe de profissionais extremamente competente e capaz de transformar uma ideia ousada em um produto cujas características celebrariam a convivência entre o Rio antigo e o que existe de mais moderno em acabamentos e tecnologia. A Torre 1° de Março será um marco na arquitetura de prédios corporativos na nossa cidade e referência para novos prédios que venham a surgir no futuro. Tudo isso com a marca dos profissionais da mais alta categoria na arquitetura brasileira: Davino Pontual, Paulo Pires e Cristina Mota.

When the company Monteiro Aranha S.A. chose Pontual Arquitetura to fulfill the project of our building in downtown Rio de Janeiro, we knew that we would have as a partner a team of extremely competent professionals capable of transforming a daring idea into a product whose characteristics would celebrate the coexistence between the old Rio and the most modern in finishes and technology. The 1° de Março Tower will be a landmark in the architecture of corporate buildings in our city and a reference to new buildings that will emerge in the future. All this carrying the name of professionals of the highest category in Brazilian architecture: Davino Pontual, Paulo Pires and Cristina Mota.

Paulo Mancio | Hotels Accor

A minha relação com o escritório da Pontual data de quase 15 anos. Tenho grande apreço pelo seu trabalho; a Pontual sempre atuou de maneira colaborativa, com muita abertura para as nossas sugestões. É muito importante, no caso de uma empresa como a Accor, que o trabalho seja feito a 4, 6, 10 mãos. A Pontual sempre foi muito aberta a isso.

E essa é uma grande característica da Pontual: trazer uma arquitetura inteligente, aberta, com muita experiência, sempre muito colaborativa e escutando as nossas opiniões, o que é fundamental para unir a arquitetura à funcionalidade, que é onde a Accor tem todo o conhecimento.

O segundo aspecto que é muito importante é o traço arrojado que a Pontual tem. Mesmo sendo um escritório muito tradicional, eu vejo um traço muito arrojado, à frente dos demais escritórios. Tenho uma admiração muito grande pela diversidade cultural com que o escritório interpreta as ideias e as insere no projeto.

O terceiro ponto que eu acho muito importante é a questão relacionada à arquitetura carioca. Quando estamos implantando um produto novo,

My relationship with Pontual's office dates back almost 15 years. I have great appreciation for its work; Pontual has always acted in a collaborative way, with a lot of openness to our suggestions. It is very important, in the case of a company like Accor, that the work be done by 4, 6, 10 hands. Pontual has always been very open to it.

And this is a great characteristic of Pontual: to bring an intelligent architecture, open, with a lot of experience, always very collaborative and listening to our opinions, fundamental to unite architecture to functionality, which is where Accor has all the knowledge.

The second aspect that is very important is the bold line that Pontual has. Even being a very traditional firm, I see a very audacious line, ahead of the other firms. I have a great admiration for the cultural diversity with which the office interprets the ideas and inserts them into the project.

The third point that I think is very important is the issue related to the architecture of Rio de Janeiro. When we are developing a new product, we are bringing something that in theory has a very strong guideline, a very strong standard, and Pontual manages to give a local trait, can draw an architecture from Rio de Janeiro, and you feel this well in the final result of the project.

estamos trazendo algo que em tese tem um *guideline* muito forte, um *standard* muito forte, e a Pontual consegue dar um traço local, consegue desenhar uma arquitetura carioca, e você acaba sentindo bem isso no resultado final do projeto.

Eu achei muito interessante trabalhar com a Pontual. Eu a considero um dos melhores escritórios de arquitetura de fato. Digo de fato porque eu acho que a arquitetura tem que ser o líder dos projetos, o *manager* do projeto, o gerente do projeto; sempre disse isso nas minhas aulas, nas minhas palestras, e a Pontual é um dos poucos que fazem esse papel de forma brilhante. Também tenho a humildade de reconhecer que, no transcorrer de todos estes anos trabalhando em conjunto com a Pontual, pude aprender muito e aprimorar a "minha arquitetura".

É muito interessante como ela consegue conduzir isso, sobretudo com uma arquitetura compatibilizada, combinando e sobrepondo todas as disciplinas da arquitetura e as fazendo conversar de forma coordenada e milimétrica.

Um grande abraço e parabéns à Pontual Arquitetura!

I thought it very interesting to work with Pontual. I consider it in fact one of the best architecture firms. I say in fact because I think the architecture has to be the project leader, the project manager; I always said that in my classes, in my lectures, and Pontual is one of the few who play this role brilliantly. I also have the humility to acknowledge that, in the course of all these years working together with Pontual, I have been able to learn a lot and improve "my architecture".

It is very interesting how Pontual manages to conduct this, especially with architecture compatibility, combining and overlapping all the subjects in architecture and making them dialogue in a coordinated and millimetric way.

Cheers and congratulations to Pontual Arquitetura!

LOCALIZAÇÃO DE PROJETOS NOS MUNICÍPIOS DO RIO DE JANEIRO E NITERÓI

LOCATION OF PROJECTS IN THE MUNICIPALITIES OF RIO DE JANEIRO AND NITERÓI

NITEROI

LOCALIZAÇÃO DE PROJETOS NO CENTRO DO RIO DE JANEIRO

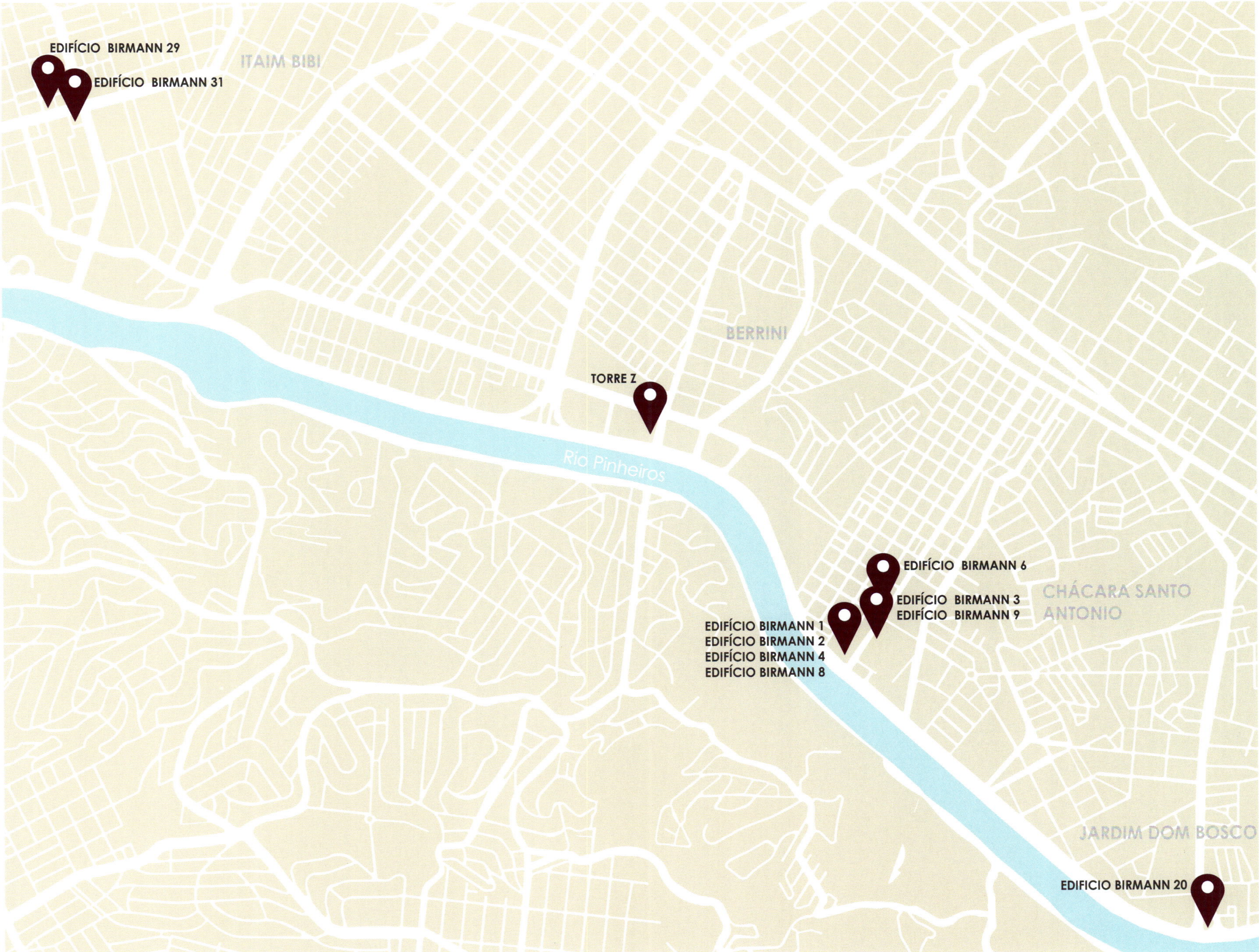

LOCALIZAÇÃO DE PROJETOS NA CIDADE DE SÃO PAULO

LOCATION OF PROJECTS IN THE CITY OF SÃO PAULO

Uma história projetada com solidez e competência na construção da arquitetura brasileira há 50 anos.

A History designed with stability and competence in the construction of Brazilian architecture for the past 50 years.

2017

2016

CORPORATIVO
CORPORATE

1° de Março
Rio de Janeiro, RJ
16.942,53m²

INTERIOR
INTERIOR

Monteiro Aranha - Sede
Rio de Janeiro, RJ
460m²

RETROFIT
RETROFIT

Edifício MV9
Rio de Janeiro, RJ
419,75m²

2015

HOTEL
HOTEL

Novotel / Ibis Budget
Rio de Janeiro, RJ
8.509,99 / 7.763,17m²

Brasil foi sede da Copa do Mundo.
Brazil hosted the World Cup.

Jogos Olímpicos Rio 2016
Rio 2016 Olympics

Presidente Dilma Rousseff sofre Impeachment.
Impeachment of President Dilma Rousseff.

2014

CORPORATIVO
CORPORATE

Torre Z
São Paulo, SP
92.468m²

INTERIOR
INTERIOR

Energio (Amperia)
Rio de Janeiro, RJ
650m²

Lavradio
Rio de Janeiro, RJ
6.000m²

HOTEL
HOTEL

Ibis Copacabana Posto 5
Rio de Janeiro, RJ
9.048,46m²

2013

CORPORATIVO
CORPORATE

Torre Presidente JDK 1121
Rio de Janeiro, RJ
23.475,52m²

Torre Presidente JDK 1111
Rio de Janeiro, RJ
28.020,16m²

HOTEL
HOTEL

Ibis Rouge/ Ibis Budget
Nova América,
Rio de Janeiro, RJ
12.409,84m²

2012

Porto Brasilis
Rio de Janeiro, RJ
26.217,61m²

2011

HOTEL
HOTEL

Ibis Copacabana
Rio de Janeiro, RJ
6.971,96m²

2010

CORPORATIVO CORPORATE

Virtus Corporate Offices
Rio de Janeiro, RJ
20.745m²

RETROFIT RETROFIT

Instituto Cervantes - Sede
Rio de Janeiro, RJ
2.200m²

2009

CORPORATIVO CORPORATE

Ed. Comercial e Residencial
Campo Grande
Rio de Janeiro, RJ
Estudo - 14.100m²

HOTEL HOTEL

Ibis Botafogo
Rio de Janeiro, RJ
Projeto Oficial e Projeto Executivo
10.260m²

2008

CORPORATIVO CORPORATE

Rio Office Tower
Centro, Rio de Janeiro, RJ
Projeto Oficial e Executivo- 24.970m²

Ed. Comercial
Rio de Janeiro, RJ
Estudo - 29.000m²

Ed. Comercial
Rio de Janeiro, RJ
Estudo - 21.800m²

Hotel e Ed. Comercial
Niterói, RJ
Estudo - 45.000m²

Ed. Comercial
Rio de Janeiro, RJ
Estudo - 26.000m²

ASD Empreendimentos Comerciais
São Paulo, SP
Projeto básico em parceria com o escritório de arquitetura Pichard Chilton (Connecticut / USA)

Ed. Comercial
Leblon, Rio de Janeiro, RJ
Projeto Oficial - 6.770m²

Ed. Corporativo
Centro, Rio de Janeiro, RJ
Projeto Executivo - 24.850m²

Operador Nacional do Sistema
Elétrico - ONS
Florianópolis, SC
Layout

Operador Nacional do Sistema
Elétrico - ONS
Rio de Janeiro, RJ
Layout

Petrobras
Rio de Janeiro, RJ
Layout

Transpetro
Rio de Janeiro, RJ
Layout

HOTEL HOTEL

Novotel
Rio de Janeiro, RJ
11.689m²

2007

CORPORATIVO CORPORATE

Ed. Premium Office Leblon
Rio de Janeiro, RJ
5.400m²

Lançamento do livro de 40 anos da Pontual.
Launch of Pontual's 40 year book.

Descoberta do Pré-Sal.
Discovery of the Pre-Salt.

RETROFIT RETROFIT

Edifício Standard
Rio de Janeiro, RJ
Projeto de Retrofit - 9.600m²

2004

CORPORATIVO CORPORATE

Fundação Petrobras - Petros
Salvador, BA
Plano Diretor - 33.100m²

Banco Fibra / Hines
Rio de Janeiro, RJ
Projeto Oficial - 25.400m²

Subsea do Brasil Serviços Ltda.
Niterói, RJ
Modificação com acréscimo - 700m²

INTERIOR INTERIOR

KPMG Auditores Independentes
Rio de Janeiro, RJ
Escritórios - 4.000m²
Coordenação de Implantação - 300m²
Material para Licitação - 300m²

Operador Nacional do Sistema Elétrico - ONS
Rio de Janeiro, RJ
Lanchonete 15 Pavto. - 215m²
Projeto de modificações - 1.200m²

Petróleo Brasileiro S.A.- Petrobras
Rio de Janeiro, RJ
Ed. Torre Almirante
Escritórios - 44.000m²

HOTEL HOTEL

Hotel Ibis
Rio de Janeiro, RJ
330 Apartamentos - 11.260m²

OUTROS OTHERS

João Fortes Engenharia Ltda.
Rio de Janeiro, RJ
Grupamento Habitacional - 192 unid.
5.100m²

2003

INTERIOR INTERIOR

Accenture do Brasil
Rio de Janeiro, RJ
Estudo - 900m²

Banco Itaú BBA Creditanstalt
São Paulo, SP
Sede - Projetos de modificações - 1.900m²

KPMG Auditores Independentes
Rio de Janeiro, RJ
1.150m²

Operador Nacional do Sistema Elétrico - ONS
Ampliação - 850m²
Projeto de modificações - 200m²

Trench Rossi & Watanabe Advogados
Rio de Janeiro, RJ
Projetos de modificações - 950m²

Fund. Petrobras - Petros
Salvador, BA
Projeto de modificações - 1.000m²

Saída do sócio Ralph Lifschits.
Partner Ralph Lifschits leaves the firm.

Accenture
São Paulo, SP
Sede - 3.300m²

Standard Chartered Bank
Rio de Janeiro, RJ
300m²

Intelig S.A.
Rio de Janeiro, RJ
Térreo - 1.200m²

Standard Chartered Bank
São Paulo, SP
400m²

Fund. Petrobras - Petros
São Paulo, SP
Estudo de viabilidade
1.400m²

BBA Creditanstalt
São Paulo, SP
Projeto de modificações
450m²

Fund. Petrobras - Petros
Rio de Janeiro, RJ
Projeto de modificações
1.200m²

Operador Nacional do Sistema
Elétrico - ONS
Rio de Janeiro, RJ
Projeto de modificações
950m²

PLANEJAMENTO URBANO URBAN PLANNING

Telco Empreend. Imob.
Rio de Janeiro, RJ
Parqueamento - 7.200m²

Belfus Incorp. e Constr. Ltda.
Rio de Janeiro, RJ
Projeto Executivo - 45.000m²

OUTROS OTHERS

Instituto Cervantes
Rio de Janeiro, RJ
800m²

Telco Empreend. Imob.
Rio de Janeiro, RJ
Escola 1° grau - 1.300m²

Rio Massa Eng. Ltda.
Rio de Janeiro, RJ
Loteamento Portus
344 unid.

Associação Cristã de Moços - RJ
Santarém, PA
Acampamento Ecológico
5.780m²

2000

CORPORATIVO CORPORATE

Birmann 31
São Paulo, SP
22.000m²

Edifício City Tower
Rio de Janeiro, RJ
Estudo- 45.000m²

Edifício Garagem
Rio de Janeiro, RJ
10.400m²

INTERIOR INTERIOR

Trench, Rossi & Watanabe Adv
Rio de Janeiro, RJ
Ampliação Escritórios - 200m²

RETROFIT RETROFIT

Interlig Telecomunicações
Rio de Janeiro, RJ
9.500m²

Brascrow Ltda / Accenture
São Paulo, SP
Retrofit de Fachada
39.500m²

Integral, Global, Lachmann
Rio de Janeiro, RJ
Modificações - 500m²

Entra da arquiteta Cristina Pires.
Architect Cristina Pires join the firm.

Ed. Castelo
Rio de Janeiro, RJ
Projeto de Retrofit - 22.000m²

Ed. Flamengo Towers
Rio de Janeiro, RJ
Projeto de Reforma - 6.000m²

Empreendimento Comercial e Residencial
Niterói, RJ
Estudo - 28.500m²

Ed. Comercial
Rio de Janeiro, RJ
Estudo - 24.675m²

2006

CORPORATIVO
CORPORATE

Subsea 7 - Rio das Ostras
Rio das Ostras, RJ
Acréscimo de Edificação - 2.180m²

Subsea 7 - Ilha da Conceição
Niterói, RJ
Acréscimo de Edificação - 600m²

Ed. Comercial
Rio de Janeiro, RJ
Estudo - 24.858m²

INTERIOR
INTERIOR

KPMG Auditores Independentes
Rio de Janeiro, RJ
Layout - 1.400m²

Petrobras - Transpetro
Rio de Janeiro, RJ
Layout - 3.000m²

Operador Nacional do Sistema
Elétrico - ONS
Rio de Janeiro, RJ
Layout - 3.200m²

Petróleo Brasileiro S. A - Petrobras
Rio de Janeiro, RJ
Ed. Torre Almirante
Layout - 15.000m²

HOTEL
HOTEL

Hotel Praia do Pontal
Rio de Janeiro, RJ
Estudo - 164 Apartamentos

2005

INTERIOR
INTERIOR

Operador Nacional do Sistema
Elétrico - ONS
Rio de Janeiro, RJ
Layout - 2.250m²

Petróleo Brasileiro S. A - Petrobras
Rio de Janeiro, RJ
Ed. Torre Almirante
Layout - 11.000m²

Petrobras - Transpetro
Rio de Janeiro, RJ
Layout - 4.000m²

RESIDENCIAL
RESIDENTIAL

Edifício L'Ópera
Botafogo
Rio de Janeiro, RJ
Projeto Executivo

Edifício L'Atelier
Botafogo
Rio de Janeiro, RJ
Projeto Executivo

Banco Itaú BBA Creditanstalt
Rio de Janeiro, RJ
Projetos de modificações
550m²

Petrobras Transportes - Transpetro
Rio de Janeiro, RJ
Ampliação escritório
400m²
Estudo ocupação
10.000m²

2002

CORPORATIVO
CORPORATE

Edifício Torre Almirante
Rio de Janeiro, RJ
Projeto Executivo
45.000m²

Edifício Garagem
Rio de Janeiro, RJ
Projeto Executivo
15.000m²

Petrobras S.A.
Macaé, RJ
Edifícios Administrativos
Projeto Básico - 15.000m²

Fundação Petrobras - Petros
Salvador, BA
Complexos Escritórios / Residencial
Estudo - 73.000m²

INTERIOR
INTERIOR

Banco Invixx
Rio de Janeiro, RJ
Sede - 400m²

BBA Creditanstalt
São Paulo, SP
Projetos de modificações
700m²

Operador Nacional do Sistema
Elétrico - ONS
Rio de Janeiro, RJ
Sala de controle (Estudo)
1.200m²

Fund. Petrobras - Petros
Santos, SP
Escritório - 120m²

Petrobras - Transpetro
Rio de Janeiro, RJ
Projetos de modificações
1.080m²

Fund. Petrobras - Petros
Rio de Janeiro, RJ
Reforma 10° pavimento
700m²
Projeto Sobreloja e Térreo
400m²
Projetos de modificações
200m²

PLANEJAMENTO URBANO
URBAN PLANNING

Belfus S.A.
Rio de Janeiro, RJ
Rio Morto 2
138 unidades - 10.096m²

Kitter Ltda
São Gonçalo, RJ
56 unidades - 3.500m²

João Fortes S.A.
Rio de Janeiro, RJ
Pavuna
Projeto de Loteamento - 95.000m²

OUTROS
OTHERS

João Fortes S.A.
Rio de Janeiro, RJ
Pavuna
1.800 unid. - 105.900m²

SPE Paraná Incorp. e Part.
Rio de Janeiro, RJ
Rua Amazonas - 19 unid.
1.070m²
Rua Paraná - 19 unid.
1.070m²

2001

CORPORATIVO
CORPORATE

Edifício Garagem
Rio de Janeiro, RJ
Projeto Legal - 15.000m²

INTERIOR
INTERIOR

Petrobras - Transpetro
Rio de Janeiro, RJ
Sede/ Retrofit - 12.400m²

CL Convergence
Correias, Petrópolis, RJ
Sede - 1.100m²

PLANEJAMENTO URBANO
URBAN PLANNING

Machado de Sant'Anna Eng
Rio de Janeiro, RJ
Estr. Rio Morto - 161 unid.
Estr. Rio Grande - 149 unid.

OUTROS
OTHERS

Machado de Sant'Anna Eng
Rio de Janeiro, RJ
Rua Edgard Werneck - 28 unid.

Rio Massa Eng. Ltda
Rio de Janeiro, RJ
Rua Edgard Werneck - 32 unid.

1999

CORPORATIVO
CORPORATE

America Properties
São Paulo, SP
Complexo Comercial
Estudo - 39.500m²

Xerox do Brasil S.A.
Rio de Janeiro, RJ
Projeto Oficial - Ed. Sede
10.600m²

João Fortes Engenharia
Rio de Janeiro, RJ
Área Comércio - Muniz Aragão
970m²

Dorex Ltda.
Rio de Janeiro, RJ
Modificações Torre da Glória - 800m²

Edif. Câmara Vereadores
Nova Iguaçu, RJ
2.000m²

Intelig Telecomunicações
Rio de Janeiro, RJ
Avaliação Técnica Ed. Sede

Michelin
Rio de Janeiro, RJ
Estudo - 15.800m²

INTERIOR
INTERIOR

Vesper Ltda.
Rio de Janeiro, RJ
Escritórios - 1.200m²

Andersen Consulting
Rio de Janeiro, RJ
Modificações - 400m²

Banco BBA Creditanstalt
São Paulo, SP
Modificações - 400m²

Operador Nacional do Sistema
Elétrico - ONS
São Paulo, SP
Sede - .7.200m²

PLANEJAMENTO URBANO
URBAN PLANNING

Machado de Sant'Anna Eng.
Rio de Janeiro, RJ
(Projetos Diversos)

GHG Empreend. Ltda.
Estr. do Tindiba,
Rio de Janeiro

Rio Massa Eng. Ltda.
Rio de Janeiro, RJ
(Projetos diversos)

OUTROS
OTHERS

Trust Life Eng. Ltda
Campinas, SP
(Masterplan Universidade São Fransisco)

1998

CORPORATIVO
CORPORATE

Edifício Birmann 29
São Paulo, SP
Desenvolvimento de Projeto - 45.000m²

Edifício Inpar
São Paulo, SP
Desenvolvimento de Projeto - 98.000m²

INTERIOR
INTERIOR

Chevron do Brasil
Rio de Janeiro, RJ
450m^2

BBA Financiamentos
São Paulo, SP
Sede - 5.200m^2

Banco Boavista
Rio de Janeiro, RJ
(Diretoria) - 850m^2

HOTEL
HOTEL

BBA Financiamentos
São Paulo, SP
Agências - 800m^2

Banco Boavista
Rio de Janeiro, RJ
Agências Ilha, Leblon e Petrópolis - 1.250m^2

Fundação Ford
Rio de Janeiro, RJ
Escritório central - 750m^2

Hotel em Campos do Jordão
São Paulo, SP
6.500m^2

Andersen Consulting
São Paulo, SP
Modificações - 1.200m^2

Colégio São Luiz
São Paulo, SP
Projeto pilotis e reitoria - 1.600m^2

PLANEJAMENTO URBANO
URBAN PLANNING

Bank Boston
São Paulo, SP
Cobertura- Anexo Restaurante
400m^2

Fundação Petrobras - Petros
Rio de Janeiro, RJ
Espaço Cultural - 200m^2

Pavuna Lote 3
Rio de Janeiro, RJ
200 habitações

Bank Boston
São Paulo, SP
Centro de Convenções - 1.100m^2

1997

INTERIOR
INTERIOR

Banco BBA Creditanstalt
Rio de Janeiro, RJ
Filial Rio - 550m^2

BNDES
Rio de Janeiro, RJ
Consultoria - 1.350m^2

Xerox do Brasil S.A.
Rio de Janeiro, RJ
Escritórios - 2.000m^2

Birmann S.A.
São Paulo, SP
Escritórios - 2.500m^2

Procuradoria Geral do Município
Rio de Janeiro, RJ
Escritórios - 7.500m^2

Banco Bradesco
Osasco, SP
Diretoria - 3.100m^2

O Dia
Rio de Janeiro, RJ
(Rádios e Recepção)
1.000m^2

Trench, Rossi & Watanabe Advogados
Rio de Janeiro, RJ
Escritórios - 950m^2

Sagitta Adm. & Part.
Rio de Janeiro, RJ
Escritório - 200m^2

1996

CORPORATIVO
CORPORATE

Dorex Ltda.
Rio de Janeiro, RJ
6.700m^2

Milocar Com. de Veículos
Rio de Janeiro, RJ
Estudo - 10.200m^2

Aracruz Celulose
Rio de Janeiro, RJ
2.200m^2

PLANEJAMENTO URBANO
URBAN PLANNING

OUTROS
OTHERS

Xerox do Brasil
Brasília, DF
1.800m^2

Anderson Consulting
São Paulo, SP
1.200m^2

Xerox do Brasil
São Paulo, SP
6.000m^2

RESIDENCIAL
RESIDENTIAL

Jockey Club
Rio de Janeiro, RJ
Sede Social (estudo)
6.100m^2

Consultora Bandeirantes
Rio de Janeiro, RJ
(119 Aptos.) - 9.800m^2

Projeto Rio Cidade
Ilha do Governador
Rio de Janeiro, RJ
2,5ha

1993

CORPORATIVO
CORPORATE

Edifício Dorex
Rio de Janeiro, RJ
8.500m^2

Banco Pactual - Sede
Rio de Janeiro, RJ
800m^2

PLANEJAMENTO URBANO
URBAN PLANNING

INTERIOR
INTERIOR

Banco Boavista
Jardim Botânico, RJ
500m^2

Pavuna - Lote 2
Rio de Janeiro, RJ
234 unid. - 14.300m^2

Banco Bradesco - Sede Diretoria
Cidade de Deus, SP
4.500m^2

Bangu
Rio de Janeiro, RJ
1.000.000m^2

Viena Comestíveis - Sede
São Paulo, SP
430m^2

IBM - Auditório
Rio de Janeiro, RJ
500m^2

Edifício Birdmann
São Paulo, SP
14 Pavimentos - 28.000m^2

Coca-Cola Indústria Ltda. - Sede
Rio de Janeiro, RJ
10.500m^2

Latasa - Sede
Rio de Janeiro, RJ
700m^2

OUTROS
OTHERS

Integral S.A. - Sede
Rio de Janeiro, RJ
250m^2
São Paulo, SP
250m^2

RESIDENCIAL
RESIDENTIAL

Chácara Tangará
São Paulo, SP
80.000m^2

Santa Alexandrina
Rio de Janeiro, RJ
15.000m^2

Convento Bom Pastor
Rio de Janeiro, RJ
3.000m^2

Bom Pastor
Rio de Janeiro, RJ
12.000m^2

Complexo Turístico
Itaipava, RJ
154.000m^2

1990

CORPORATIVO
CORPORATE

Rua José Guerra
São Paulo, SP
4.400m^2

Banco Pactual
Rio de Janeiro, RJ
950m^2

INTERIOR
INTERIOR

Banco BBA Creditanstalt
Rio de Janeiro, RJ
950m^2

RESIDENCIAL
RESIDENTIAL

IBM do Brasil - Filial
Rio de Janeiro, RJ
8.000m^2

Ed. Ver. Alceu Carvalho
Guaratiba, RJ
12.140m^2

Collor assume e faz o confiscamento das poupanças.
President Collor takes office and confiscates savings.

1989

CORPORATIVO
CORPORATE

Deutsche Bank
São Paulo, SP
9 pavimentos - 25.000m^2

Banco Royal do Canadá
São Paulo, SP
950m^2

Arthur Andersen - Expansão
São Paulo, SP
10.000m^2

Banco BNL Investimentos Sede
São Paulo, SP
1.750m^2

INTERIOR
INTERIOR

Andersen Consulting
São Paulo, SP
Expansão - 1.200m²

Andersen Consulting
Rio de Janeiro, RJ
900m²

O Dia
Rio de Janeiro, RJ
Plano Diretor - 8.550m²

Banco BBA Creditanstalt
São Paulo, SP
Expansão - 950m²

Transportes Paranapuan
Rio de Janeiro, RJ
400m²

Hermes S.A.
Rio de Janeiro, RJ
Expansão - 450m²

Fund. Petrobras - Petros
Rio de Janeiro, RJ
Retrofit e Interiores
900m²

PLANEJAMENTO URBANO
URBAN PLANNING

Empreendimento Guamaré
Natal, RN
12,89ha

OUTROS
OTHERS

São Cristóvão
Rio de Janeiro, RJ
12,89ha

1995

CORPORATIVO
CORPORATE

Birmann 23
São Paulo, SP
8.900m²

Banco Amambay
Assunção, Paraguai
Estudo - 17.500m²

Edifício Andorinha
Rio de Janeiro, RJ
Projeto de execução
45.000m²

Banco Bradesco
Osasco, SP
Estudo - 4.800m²

INTERIOR
INTERIOR

Banco BBA
São Paulo, SP
Expansão - 2.400m²

Banco Pactual
São Paulo, SP
920m²

Banco Inter-Atlântico
Rio de Janeiro, RJ
400m²

Shell - Brasil
Rio de Janeiro, RJ
Restaurante - 1.000m²

Hexabanco
São Paulo, SP
1.100m²

Groupe Paribas
São Paulo, SP
450m²

Credibanco
São Paulo, SP
2.000m²

Xerox do Brasil S.A.
São Paulo, SP
1.100m²

Hermes S.A.
Rio de Janeiro, RJ
400m²

Banco Inter-Atlântico
São Paulo, SP
1.200m²

OUTROS
OTHERS

Banco Boavista
Ag. Barra da Tijuca
Rio de Janeiro, RJ
Expansão - 100m²

1994

CORPORATIVO
CORPORATE

Glli-CGN
São Paulo, SP
9.300m²

INTERIOR
INTERIOR

Banco Inter- Atlântico
Rio de Janeiro, RJ
400m²

Banco Pactual
Rio de Janeiro, RJ
900m²

Plano Real muda a moeda brasileira para o Real.
Plano Real changes the Brazilian currency to the Real.

1992

CORPORATIVO
CORPORATE

Edifício Andorinha
Rio de Janeiro, RJ
36 Pavimentos - 45.000m²

Embratel/ Telebrasília
Brasília, DF
27.000m²

INTERIOR
INTERIOR

Lachmann S. A.- Sede
Rio de Janeiro, RJ
1.200m²

Banco BBA Creditanstalt
Ag. Porto Alegre, RS
400m²

Global S. A. - Sede
Rio de Janeiro, RJ
600m²

RESIDENCIAL
RESIDENTIAL

Ed. Morro do Ouro
Rio de Janeiro, RJ
1.000m²

OUTROS
OTHERS

Estádio de Remo
Brasília, DF
Estudo - 1.500m²

Collor sofre processo de Impeachment.
Impeachment of president Collor.

1991

Uma das empresas pioneiras no uso da tecnologia no país, a Pontual Arquitetura projeta o Edifício Teleporto, no Rio de Janeiro, utilizando computadores na sua execução.

As one of the pioneer companies in the use of technology in Brazil, Pontual Arquitetura designs the Teleporto Building in Rio de Janeiro, using computers in its execution.

CORPORATIVO
CORPORATE

Edifício Teleporto
Rio de Janeiro, RJ
20 Pavimentos - 58.000m²

INTERIOR
INTERIOR

Brahma S.A. - Sede
Rio de Janeiro, RJ
4.400m²

Lachmann S.A.
São Paulo, SP
300m²

Banco Nacional
Rio de Janeiro, RJ
Plano Diretor
6.000m²

Banco BBA Creditanstalt Sede
São Paulo, SP
1.900m²

Abertura das importações no Brasil.
Opening of imports in Brazil.

Banco ABC - Roma
São Paulo, SP
800m²

Banco Montreal
Agência Rio de Janeiro, RJ
350m²

Deutsche Bank - Sede
São Paulo, SP
4.500m²

OUTROS
OTHERS

Centro de Treinamento Petrobras
Rio de Janeiro, RJ
Estudo - 12.000m²

1988

INTERIOR
INTERIOR

Banco BBA Creditanstalt Sede
São Paulo, SP
1.000m²

Banco Pactual
São Paulo, SP
400m²

Banco Montreal
Agência São Paulo, SP
450m²

Sade Engenharia - Sede
São Paulo, SP
6.500m²

RESIDENCIAL
RESIDENTIAL

Joaquim Magalhães
Búzios, RJ
800m²

Fernando Motta
Angra dos Reis, RJ
700m²

Pier Luigi Farace
Búzios, RJ
600m²

OUTROS
OTHERS

Clube Funcionários Bayer
Rio de Janeiro, RJ
Anteprojeto - 4.500m²

Centro Educacional Shell
Rio de Janeiro, RJ
Estudo - 4.000m²

Xerox do Brasil
Fábrica, Manaus, AM
15.000m²

Entrada de Ralph Rodrigues Lifschits como sócio.
Ralph Rodrigues Lifschits joins the firm as a partner.

1987

CORPORATIVO
CORPORATE

Sade Engenharia
São Paulo, SP
8.000m²

INTERIOR
INTERIOR

Aracruz Celulose - Sede
Rio de Janeiro, RJ
4.000m²

Saída do sócio Sérgio Porto.
Partner Sérgio Porto leaves the firm.

Banco Multiplic - Sede
Rio de Janeiro, RJ
5.000m²

Lojas Americanas - Sede
Rio de Janeiro, RJ
4.850m²

Banco Multiplic - Sede Regional
São Paulo, SP
8.000m²

Docas S.A. - Sede
Rio de Janeiro, RJ
2.100m²

Cerro Largo Empreendimentos
Porto Alegre, RS - 400m²
São Paulo, SP - 600m²

Banco Multiplic - Agências
Campinas, SP - 450m²
Curitiba, PR - 450m²
Belo Horizonte, MG - 520m²
Salvador, BA - 450m²
Recife, PE - 500m²

RESIDENCIAL
RESIDENTIAL

Ed. João Carlos Machado
Rio de Janeiro, RJ
1.300m²

Blocos de Apartamentos Funcionais
São Paulo, SP
8.500m²

1986

CORPORATIVO
CORPORATE

Tudor Marsh
São Paulo, SP
3.300m²

Atlantis
São Paulo, SP
5.600m²

INTERIOR
INTERIOR

Banco Holandês Unido - Sede
Rio de Janeiro, RJ
5.100m²

Banco Multiplic
Agência Porto Alegre, RS
300m²

RESIDENCIAL
RESIDENTIAL

Ed. Saddock de Sá
Rio de Janeiro, RJ
1.000m²

Criação do Plano Cruzado, para conter a inflação.
Creation of the Plano Cruzado to contain inflation.

1985

CORPORATIVO
CORPORATE

Poliolefinas
São Paulo, SP
3.500m²

Arthur Andersen
São Paulo, SP
4.800m²

Fim do Regime Militar no Brasil.
End of the Military Regime in Brazil.

1981

INTERIOR
INTERIOR

Citibank - Edifício Sede
Rio de Janeiro, RJ
7.500m²

Banco Francês e Brasileiro - Sede
Rua Uruguaiana, RJ
1.000m²

Banco Boavista- Agências
Voluntários, RJ - 600m²
Leme, RJ - 500m²
Leblon, RJ - 600m²
Ipanema, RJ - 550m²
Jardim Botânico, RJ - 600m²
Porto Alegre, RS - 550m²

RESIDENCIAL
RESIDENTIAL

Paulo Boavista
Rio de Janeiro, RJ
600m²

PLANEJAMENTO URBANO
URBAN PLANNING

Estrada dos Bandeirantes
Rio de Janeiro, RJ
1.688 unidades e serviços
93.000m²

Tenente Coronel Muniz Aragão
Rio de Janeiro, RJ
960 unidades e serviços
50.000m²

OUTROS
OTHERS

Vila Operária White Martins
Iguatama, MG
200 unidades e serviços
106.000m²

Banco Boavista
Rio Barra da Tijuca, RJ
200 unidades e serviços
1.200m²

1980

PLANEJAMENTO URBANO
URBAN PLANNING

Porto Sauípe
Porto Sauípe, BA
35.000.000m²

OUTROS
OTHERS

Centro de Pesquisas de Furnas
Nova Iguaçu, RJ
800m²

1979

CORPORATIVO
CORPORATE

Xerox do Brasil - Sede
Rio de Janeiro, RJ
com interiores - 20.000m²

Citibank - Sede
Rio de Janeiro, RJ
30 pavimentos - 27.000m²

INTERIOR
INTERIOR

Banco Garantia - Sede
Rio de Janeiro, RJ
2.000m²

Banco Boavista - Agências
Rio Passos, RJ - 500m²
Rio Branco, RJ - 600m²
Campo Grande, MS - 500m²

Saída do sócio Flávio de Oliveira Ferreira.
Partner Flávio de Oliveira Ferreira leaves the firm.

INTERIOR
INTERIOR

Banco Boavista - Agências
Rio Tijuca, RJ - 450m²
Ipanema, RJ - 650m²
Copacabana, RJ - 500m²
Brasília, DF - 500m²

RESIDÊNCIA
RESIDENTIAL

Ed. Rainha Guilhermina
Rio de Janeiro, RJ
2.000m²

Ed. Epitácio Pessoa
Rio de Janeiro, RJ
11 pavimentos - 3.600m²

OUTROS
OTHERS

Oficina / Revenda Victori
Rio de Janeiro, RJ
3.200m²

Carlos Byington
Rio de Janeiro, RJ
600m²

1976

CORPORATIVO
CORPORATE

Banco do Brasil
Rio de Janeiro, RJ
66.000m²

INTERIOR
INTERIOR

Nuclebrás
Rio de Janeiro, RJ
1.000m²

Phidias Imobiliária
Rio de Janeiro, RJ
250m²

Banco Boavista - Agências
Ro de Janeiro, RJ - 250m²
Campinas, SP - 450m²

Presidente Vargas 850
Rio de Janeiro, RJ
12.000m²

RESIDENCIAL
RESIDENTIAL

Barão da Torre
Rio de Janeiro, RJ
5 pavimentos - 1.000m²

Pompeu Loureiro
Rio de Janeiro, RJ
11 pavimentos - 3.600m²

Raul Cabral Menezes
Petrópolis, RJ
300m²

PLANEJAMENTO URBANO
URBAN PLANNING

Conjunto de Lojas / Reurbanização
São Bernardo, SP
20.000m²

OUTROS
OTHERS

Sede Vale do Rio Doce
Rio de Janeiro, RJ
1º lugar - 90.000m²

1975

CORPORATIVO
CORPORATE

S.A. White Martins
Rio de Janeiro, RJ
25.000m²

INTERIOR
INTERIOR

Garantia Corretora
Rio de Janeiro, RJ
600m²

HOTEL
HOTEL

Rio Othon Palace
Rio de Janeiro, RJ
42.500m²

1984

CORPORATIVO
CORPORATE

Becton Dickinson
São Paulo, SP
5.250m^2

INTERIOR
INTERIOR

Vale do Rio Doce - Sede
Rio de Janeiro, RJ
15.000m^2

Banco Chase
Agência Porto Alegre, RS
1.200m^2

OUTROS
OTHERS

Banco Chase
Agência Vitória, ES
1.100m^2

1983

INTERIOR
INTERIOR

Banco Chase
Agência Fortaleza, CE
600m^2
Agência Copacabana, RJ
300m^2

OUTROS
OTHERS

Lima Drummond
Rio de Janeiro, RJ
4.000m^2

Olimpia Esteves
Rio de Janeiro, RJ
15.600m^2

Banco Chase
Ag. Belém, PA - 900m^2
Ag. Manaus, AM - 1.500m^2

1982

INTERIOR
INTERIOR

Banco Boavista - Agências
Curitiba, PR - 600m^2
Rio Cinelândia, RJ - 600m^2
Rio Bangu, RJ - 500m^2
Rio Santos Dumont, RJ - 550m^2

OUTROS
OTHERS

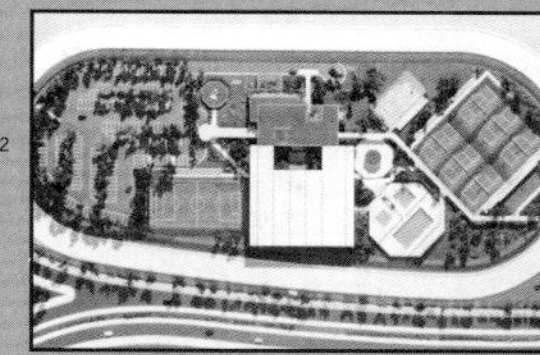

Sede Esportiva
Rio de Janeiro, RJ
12.000m^2

PLANEJAMENTO URBANO
URBAN PLANNING

Águas de Olivença
Olivença, BA
2.060.000m^2

OUTROS
OTHERS

Hipódromo da Gávea
Rio de Janeiro, RJ
Reformulação / Plano Diretor 60.000m^2

S.A. White Martins
Belo Horizonte, MG
3.500m^2

1978

CORPORATIVO
CORPORATE

Atlantic - Sede
Rio de Janeiro, RJ
Anteprojeto - 14.500m^2

HOTEL
HOTEL

Hotel Al Saibaih
Arábia Saudita
Anteprojeto - 30.000m^2

INTERIOR
INTERIOR

Banco Boavista Presidência
Rio de Janeiro, RJ
1.400m^2

Banco Chase
Agência Botafogo, RJ
1.200m^2

Banco Boavista - Agências
Rio Alfândega, RJ - 500m^2
Santo Amaro, SP - 520m^2
Belo Horizonte, MG - 480m^2

PLANEJAMENTO URBANO
URBAN PLANNING

Barão de Mesquita
Rio de Janeiro, RJ
1.218 unidades e serviços - 90.000m^2

OUTROS
OTHERS

Anexo do Centro Educacional IBM
Rio de Janeiro, RJ
1.200m^2

1977

CORPORATIVO
CORPORATE

Promon - Sede
Rio de Janeiro, RJ
17.500m^2

Linneo de Paula Machado
Rio de Janeiro, RJ
40 pavimentos - 60.000m^2

Shell / Chase - Sede atual da Coca-cola /Intelig
Rio de Janeiro, RJ
35.000m^2

RESIDENCIAL
RESIDENTIAL

Cândido de Paula Machado
Cabo Frio, RJ
300m^2

Jorge Paulo Lehmann
Angra dos Reis, RJ
280m^2

OUTROS
OTHERS

Galpões Modulados
Belo Horizonte, MG
20.000m^2

1974

Transferência da sede para a Rua Santa Alexandrina, 366, no Rio Comprido, onde permanece até hoje.

Nesta época, torna-se Pontual Associados Arquitetura e Planejamento Ltda.

The headquarters is transfered to Rua Santa Alexandrina, 366, in Rio Comprido, where it remains until today.

The name of the firm also changes to Pontual Associados Arquitetura e Planejamento Ltda.

INTERIOR
INTERIOR

IBM Latino--Americana
Rio de Janeiro, RJ
2.450m^2

Mecânica Victori Showroom
Rio de Janeiro, RJ
800m^2

RESIDENCIAL
RESIDENTIAL

Edifício San Martin
Rio de Janeiro, RJ
2.100m^2

Village com 8 casas
Angra dos Reis, RJ
1.800m^2

1973

HOTEL
HOTEL

Hotel da Praia
Angra dos Reis, RJ
2.300m^2

Entrada de Flávio de Oliveira Ferreira e Sérgio Porto.
Flávio de Oliveira Ferreira and Sérgio Porto join the firm.

RESIDENCIAL
RESIDENTIAL

Edifício Gal. Artigas
Rio de Janeiro, RJ
1.510m²

Edifício Pacheco Leão
Rio de Janeiro, RJ
1.900m²

OUTROS
OTHERS

Centro Educacional IBM do Brasil
Rio de Janeiro, RJ
5.500m²

1972

Falecimento de Artur Lício Pontual. Para dar continuidade aos projetos e preservar a credibilidade junto aos clientes, foi necessário formar uma nova sociedade, constituída por Davino Pontual, Paulo Pires e Flávio Ferreira.

Artur Lício Pontual passed away. In order to continue the projects and preserve the credibility with the clients, it was necessary to form a new partnership, between Davino Pontual, Paulo Pires, Sérgio Porto and Flávio Ferreira.

CORPORATIVO
CORPORATE

Datamec S.A. - Sede
Rio de Janeiro, RJ
5.200m²

HOTEL
HOTEL

Sherrick Adm. Imóveis S.A.
Rio de Janeiro, RJ
Anteprojeto - 7.000m²

Saída do sócio Arlindo Faccioli.
Partner Arlindo Faccioli leaves the firm.

1971

Com as mudanças da legislação urbanística, surgiu a necessidade de mudança da sede para a rua Pacheco Leão, 174, ao mesmo tempo que o escritório conquistava respeito internacional.

Seu nome é alterado para Pontual Associados Arquitetos Ltda.

With the changes in the urban legislation, there was need to move the headquarters to Rua Pacheco Leão, 174, at the same time that the firm gained international respect.

Its name also changes to Pontual Associados Arquitetos LTDA.

RESIDENCIAL
RESIDENTIAL

Ingo Renaux
São Paulo, SP
400m²

OUTROS
OTHERS

Edifício Comercial
Rio de Janeiro, RJ
1° lugar - 66.000m²

1970

INTERIOR
INTERIOR

IBM do Brasil
Rio de Janeiro, RJ
7.700m²

Loja do Bom Desenho
Rio de Janeiro, RJ
110m²

RESIDENCIAL
RESIDENTIAL

Ed. Deodoro da Fonseca
Rio de Janeiro, RJ
15.3000m²

OUTROS
OTHERS

Banco da Povidência
Rio de Janeiro, RJ
2.400m²

1969

INTERIOR
INTERIOR

Leone Consultoria e Planejamento
Rio de Janeiro, RJ
450m²

Victori Empreendimentos Técnicos
Rio de Janeiro, RJ
350m²

RESIDENCIAL
RESIDENTIAL

Roberto Saboia Gomes
Búzios, RJ
280m²

Entra em vigor a Lei AI-5, durante a ditadura militar.
Institutional Act AI-5 comes into effect, during the military dictatorship.

Pier Luigi Farace
Búzios, RJ
300m²

Fernando Queiroz Mattoso
Búzios, RJ
300m²

OUTROS
OTHERS

Pavilhão do Brasil
Feira de Osaka, Japão
4° lugar

1968

HOTEL
HOTEL

Recife Othon Palace
Recife, PE
22.000m²

RESIDENCIAL
RESIDENTIAL

Sérgio Lacerda
Rio de Janeiro, RJ
22.000m²

Carlos Mariani Bittencourt
Rio de Janeiro, RJ
22.000m²

Albert Bildner
São Paulo, SP
800m²

Banco América do Sul
Salvador, BA
1.000m²

Concurso Rio Othon Palace
Rio de Janeiro, RJ
1° lugar - 42.500m²

1967

Entrada de Paulo de Souza Pires na Pontual.
Paulo de Souza Pires joins the firm.

Regime político de ditadura militar no Brasil.
Political regime of military dictatorship in Brazil.

303

Os trabalhos aqui apresentados são o resultado da contribuição de dezenas de profissionais que, ao longo destes 50 anos, integraram ou ainda fazem parte da equipe da Pontual Arquitetura. A João do Nascimento Ribeiro e a todos os demais, o agradecimento é devido e merecido.

The projects presented in this book are a result of the competent contribution of dozens of professionals who, during these 50 years, have been part of or are still part of the Pontual Arquitetura team. A much deserved thanks to João do Nascimento Ribeiro and to all the others envolved.

Ana Maria Pires Ribeiro
Arquiteta Coordenadora de *Coordinating Architec from* 1976 a *to* 1984

Andre Felipe Guimarães Rodrigues
Arquiteto Associado desde *Associate Architect since* 2011

André Rodrigues Marques

Andréa Netto Cid

Artur Lício Pontual
Sócio-Fundador de *Founding partner* 1967 a *to* 1972

Bolderoni Barcellos Araújo

Bruno Santiago Salles

Carlos Alberto da Conceição

Carlos Alberto Pereira

Carmen Sofia Gonzalez Araújo

Cristina Pires da Mota
Arquiteta Associada desde *Associate Architect since* 1988

Davino M. dos Santos Pontual
Sócio-Fundador desde *Founding partner since* 1967

Denise Maria D'Elia Sampaio

Dulcimar Garitano
Arquiteta Associada desde *Associate architect since* 2000

Eduardo Gonçalves Ambrósio
Arquiteto Associado desde *Associate Architect since* 2011

Emmanuel Rodrigues Franco

Flávia Barbosa Tavernari
Arquiteta Associada de *Associate Architect from* 2000 a *to* 2004

Flávio de Oliveira Ferreira
Sócio de *Partner from* 1972 a *to* 1979

Florisberto Araújo Campos

Franciscus Tolhuizen

Ilde Grosso

Inah Estefanio

Jean Pierre B. Janot

João Nascimento Ribeiro
Arquiteto Supervisor de *Supervisor Architect from* 1972 a *to* 1997

José Luis Menegotto

Leonardo de Melo Haefeli

Leonardo Villela Ahmed

Liliane Fonseca de Faro

Lina Maria Costa O. Mourão
Arquiteta Coordenadora de *Coordinating Architect from* 1979 a *to* 1990

Luis Eduardo Santos Bílio

Luiz Eduardo de Oliveira Classo
Arquiteto Associado de *Associate Architect from* 2004 a *to* 2015

Maracy de Castro Mandaro

Marana Ramos Romão do Nascimento
Arquiteta Associada de *Associate Architect from* 2011 a *to* 2016

Márcia C. Santiago de Oliveira

Márcia Cristina Fajardo Lopes

Margareth dal Poz d'Oliveira

Maria das Graças da Silva Rosa

Maria de Fátima de Jesus Oliveira

Maria Isabel Vianna Rodrigues Ayres

Maria José Pacheco de Castro
Arquiteta Coordenadora de *Coordinating Architect from* 1985 a *to* 1999

Maria Lucia Toledano dos Santos

Mariliza Guilhen

Marize da Silva Queiros Ribeiro

Miriam d'Ávila Cavancante

Oswaldo Eduardo Lioi

Paulo de Souza Pires
Sócio desde *Partner since* 1972

Ralph Rodrigues Lifischts
Sócio de *Partner from* 1987 a *to* 2004

Raul Fernando Matos Vasconcellos

Rebeca Souza Arditti

Ricardo R. de Souza Pires

Ricardo Vasconcellos

Roberto Gonçalves de Souza

Sabinne Pelajo
Arquiteta Associada de *Associate Architect from* 2007 a *to* 2013

Sérgio Porto
Sócio de *Partner from* 1972 a *to* 1987

Sheila Vieira Pinheiro da Câmara
Arquiteta Associada de *Associate Architect from* 2014 a *to* 2015

Tatiana L. Rodrigues de Amaral
Arquiteta Associada de *Associate Architect from* 2006 a *to* 2013

Teresa Cristina Malveira de Araújo

Ulisses Magoulas Filho

Valdise Borges dos Santos

Viviane Mucci Simão
Arquiteta Associada de *Associate Architect from* 2014 a *to* 2015

Viviane Nogueira Vallim
Arquiteta Associada desde *Associated Architect since* 2004

MICKEY

Davino Pontual

Trabalha como estagiário para Glauco Campello e Jorge Martins no histórico "ateliê" da Rua Amélia, 415, Recife, durante o período de 1959 a 1961, logo após ingressar na Faculdade de Arquitetura de Pernambuco.

Transfere-se para a Faculdade Nacional de Arquitetura, Rio de Janeiro, em 1962, completando seu curso no ano seguinte.

Em 1967, funda com seu irmão Artur Lício o escritório Pontual Associados Arquitetos Desenhistas Industriais, hoje Pontual Arquitetura, onde trabalha exclusivamente há 50 anos.

He worked as a trainee for Glauco Campello and Jorge Martins in the historic "atelier" of Rua Amélia, 415, Recife, during the period of 1959 to 1961, shortly after joining the School of Architecture of Pernambuco.

He transferred to the National School of Architecture, Rio de Janeiro, in 1962, completing his course the following year.

In 1967, he founded with his brother Artur Lício the firm Pontual Associados Arquitetos Desenhistas Industriais, now Pontual Arquitetura, where he has worked exclusively for the last 50 years.

Paulo Pires

Entre 1956 e 1967, cursa a Escola Técnica Nacional, trabalha como desenhista de arquitetura no escritório Henrique Mindlin, ingressa na GE como técnico em eletrônica e torna-se o responsável pelo escritório carioca do arquiteto Severiano Mário Porto.

Em maio de 1968, é convidado por Artur Lício e Davino para trabalhar na Pontual Arquitetura, tornando-se sócio em 1972.

Completa o Curso de Arquitetura na Faculdade Silva e Souza, Rio de Janeiro, em 1976.

Between 1956 and 1967 he studied in the Escola Técnica Nacional, worked as an architectural designer at Henrique Mindlin's firm, joined GE as an electronics technician and became the responsible for the Rio de Janeiro office of architect Severiano Mário Porto.

In May 1968, he was invited by Artur Lício and Davino to work at Pontual Arquitetura, becoming a partner in 1972.

He finished the Architecture Course at Silva e Souza College, Rio de Janeiro, in 1976.

Cristina Mota

Em 1985, com 21 anos, inicia sua carreira como estagiária nos escritórios Adriça Arquitetura e Planejamento e Severiano Mário Porto Arquitetura. Em 1987, um ano antes de graduar-se pela Faculdade de Arquitetura e Urbanismo Silva e Souza, Rio de Janeiro, é contratada como estagiária na Pontual Arquitetura. Permanece na empresa como arquiteta até 2001, quando passa a compor o quadro de sócios.

Desde então, participa ativamente de todas as etapas dos projetos criados e executados pela equipe do escritório.

In 1985, at the age of 21, she began her career as a trainee at the offices Adriça Arquitetura e Planejamento and Severiano Mário Porto Arquitetura. In 1987, a year before undergraduating from the School of Architecture and Urbanism Silva e Souza, Rio de Janeiro, she was hired as a trainee at Pontual Arquitetura. She remained in the company as an architect until 2001, when she joined the board of associates.

Since then, she has actively participated in all steps of projects created and executed by the office team.

PRÊMIOS
AWARDS

2015
XII Grande Prêmio de Arquitetura Corporativa
Escritório Predial Obra Realizada
TORRE Z

2014
XV Destaque ADEMI - Prêmio Master Imobiliário
Prédios Comerciais de Grande Porte
TORRE PRESIDENTE
SIG Engenharia

2014
I Prêmio ASBEA/RJ
Edifício de Serviços
PORTO BRASILIS
Fibra Experts

2013
Prêmio Master Imobiliário
Prédio Comercial de Médio Porte
TORRE PRIMEIRO DE MARÇO
Grupo Monteiro Aranha e Espírito Santo Property Brasil

2010
Destaque ADEMI 2010
Prédios Comerciais de Médio e Pequeno Porte
VIRTUS CORPORATE OFFICES
Tishman Speyer

2009
Destaque ADEMI 2009
Prédios Comerciais de Médio e Pequeno Porte
RIO OFFICE TOWER
SIG Engenharia

2008
IV Grande Prêmio de Arquitetura Corporativa
Retrofit
EDIFÍCIO CASTELO
Hines do Brasil Empreendimentos

2007
Concurso Privado - 1° Lugar
EDIFÍCIO COMERCIAL BRASIF
Rio de Janeiro – RJ

1994
Concurso Rio Cidade - 1° Lugar
Ilha do Governador – RJ

1983
Premiação IAB
Prêmio Arquiteto Rino Levi - Tecnologia na Arquitetura
AGÊNCIA BARRA DA TIJUCA DO BANCO BOAVISTA
Rio de Janeiro – RJ

1980
Premiação IAB - Menção Honrosa
Edifícios Comerciais
EDIFÍCIO LINNEO DE PAULA MACHADO
Rio de Janeiro – RJ

1978
Concurso Nacional - 1° Lugar
GRUPAMENTO HABITACIONAL BARÃO DE MESQUITA
Rio de Janeiro – RJ

1976
Concurso Privado - 1° Lugar
SEDE DA VALE DO RIO DOCE
Rio de Janeiro - RJ

1973
Premiação IAB - Menção Honrosa
Fins Especiais
CENTRO EDUCACIONAL IBM DO BRASIL
Rio de Janeiro – RJ

1971
Concurso Privado - 1° Lugar
EDIFÍCIO COMERCIAL VEPLAN RESIDÊNCIA
Rio de Janeiro – RJ

1969
Concurso Nacional - 4° Lugar
PAVILHÃO DO BRASIL DA FEIRA DE OSAKA
Japão

ARTUR LÍCIO PONTUAL

Um homem à frente do seu tempo, instigado pelo talento, apaixonado pela prosperidade e movido por sua competência. Nasceu no Recife em 1935 e formou-se no Rio de Janeiro, na antiga Faculdade Nacional de Arquitetura da Universidade do Brasil.

Foi designer, comunicador visual, arquiteto, consultor do Itamaraty para exposições no exterior, responsável pela Revista *Módulo*, arquiteto-diretor da Cia. Brasileira de Estruturas – Cobe, criador da Loja do Bom Desenho e, junto com seu irmão Davino Pontual, foi fundador do escritório Pontual Associados Arquitetos Ltda. Recebeu vários prêmios e publicou em renomadas revistas de arquitetura do Brasil e do exterior.

Viveu o sonho de Brasília, trabalhou com Oscar Niemeyer, foi da equipe de Lucio Costa e desempenhou um papel fundamental na vida de Aloisio Magalhães, que o acompanhou na mudança para o Rio de Janeiro. Foi um dos fundadores da Escola de Desenho Industrial – Esdi, e exímio professor.

Foi marido, pai, professor e reconhecido por todos como um apaixonado por tudo que desenvolvia, o que lhe possibilitava a capacidade de enfrentar e resolver qualquer problema proposto.

Percebia a arquitetura como a soma da melhor técnica construtiva, no menor prazo e com um programa de custo condizente, sendo capaz de gerar funcionalidade e bem-estar ao seu usuário sem causar prejuízos a sua dimensão estética.

Acreditava que um escritório de arquitetura não devia ser um lugar boêmio descasado de realidade, e sim um local de formação ao mesmo tempo humanística, técnica e estética.

Artur faleceu subitamente aos 37 anos, mas foi capaz de solidificar de forma eficaz seus ensinamentos, entusiasmo e crença no futuro, o que manteve seus colaboradores firmes em seus propósitos e inspirados em seu talento.

Um homem com pouco tempo capaz de realizar muitos feitos.

A man ahead of his time, instigated by talent, passionate about prosperity and driven by his competence. He was born in Recife in 1935 and he undergraduated in Rio de Janeiro, at the old National School of Architecture of the University of Brazil.

He was a designer, a visual communicator, an architect, an Itamaraty consultant for exhibitions abroad, responsible for the magazine Módulo, architect-director of Cia. Brasileira de Estruturas–Cobe, creator of the Loja do Bom Desenho and, along with his brother Davino Pontual, he was founder of Pontual Associados Arquitetos Ltda. He received several awards and published in renowned architecture magazines in Brazil and abroad.

He lived the dream of Brasília, worked with Oscar Niemeyer, was a member of Lúcio Costa's team and played a key role in the life of Aloísio Magalhães, who accompanied him on his moving to Rio de Janeiro. He was one of the founders of the School of Industrial Design–Esdi, and a distinguished teacher.

He was a husband, father, teacher and known by all as a lover of everything he developed, which enabled him to face and solve any problem proposed.

He perceived architecture as the sum of the best constructive technique, in the shortest time possible and within expected cost plans, being able to generate functionality and well-being to its user with no loss to its aesthetic dimension. He believed that an architecture office should not be a bohemian place indifferent to reality, but a place of training at the same time humanistic, technical and aesthetic.

Artur suddenly passed away at age 37 but was able to effectively solidify his teachings, enthusiasm and belief in the future, which kept his collaborators firm in their purposes and inspired by his talent.

A man that in little time was able to accomplish many deeds.

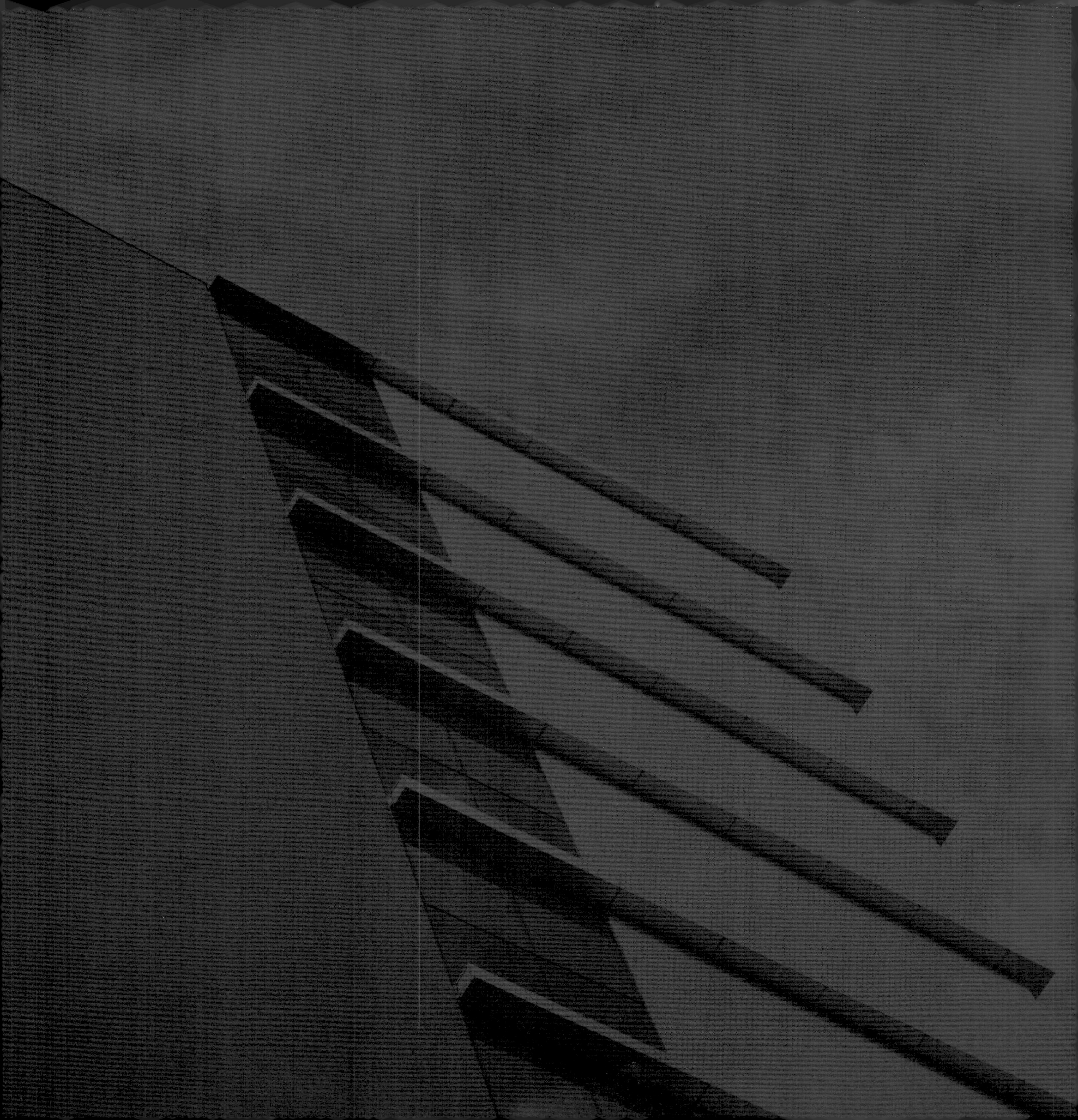

CRÉDITO FOTÓGRAFOS
PHOTOGRAPHER CREDITS

Henrique Pontual
© P.: 6, 22, 25 ,43, 48, 51,52, 54, 55, 57, 60, 61, 63, 66, 67, 73, 74, 76, 77 ,85 ,86 ,117, 118, 121, 122, 128, 129, 141, 144, 145, 149, 150, 152, 153,156,157, 162,163, 164, 165, 168, 169, 170, 171, 174, 175, 185, 197, 198, 276, 278, 279.

Pedro Vannucchi
© P.: Capa, 1, 4, 5, 24,25, 29, 32, 33, 34, 35, 37, 38, 40, 41, 89, 90, 92, 93, 95, 96, 98, 99, 101, 102, 104, 105, 107, 108, 109, 111, 112, 114, 115, 258, 259, 266, 267, 274, 275, 284.

Karla Kalife
© P.: 58, 69,70, 191, 192, 193,203, 205, 206, 209, 236, 237, 263, 264, 265.

Carol Pires
© P.: 133, 134, 136, 137, 138, 139, 176, 177, 178, 179.

Tulio Thomé
© P.: 146, 147.

Guilherme M. Rodrigues
© P.: 81, 125, 127, 252, 253, 244, 255.

Joe Aker (Aker/Zvonkovic Photography LLP)
© P.: 44, 46, 47, 49, 266, 267, 284.

Zé Goes
© P.: 125, 127, 252, 244, 255.

Daniel Pinheiro
© P.: 180.

Celso Brando
© P.: 155.

AGRADECIMENTOS ESPECIAIS
SPECIAL THANKS

Cristina Dourado Pontual

Esposa do Davino Pontual Davino's wife

Suzette Vianna Rodrigues Pires

Esposa do Paulo Pires Paulo's wife

AGRADECIMENTOS EQUIPE LIVRO

ACKNOWLEDGMENTS EDITORIAL TEAM

Mais de um ano de pesquisa para elaborar nosso livro... Relembramos muitas histórias, revivemos grandes emoções e compartilhamos desenhos, fotos, plantas e projetos dos quais tanto nos orgulhamos.

A cada depoimento, a certeza de que cultivamos amigos, semeamos ensinamentos e colhemos o futuro. Tudo isso agora pode ser visto a cada página, sentido a cada história e entendido em cada projeto publicado aqui.

Para esta incansável equipe que nos revela para o mundo, o nosso muito obrigado por tanto carinho e dedicação.

More than a year of research to develop our book ...
We remembered many stories, relived great emotions and shared drawings, photos, plans and projects of which we are so proud.

With every testimony, the certainty that we cultivated friends, sowed teachings and reaped the future. All this can now be seen on each page, felt through each story and understood in each project published here.

For this tireless team, who reveals us to the world, our special thanks for so much affection and dedication!

Equipe/ Team - Gabriela Prestes Siciliano, Viviane Mucci, Henrique Pontual, Karla Kalife, Luis Kerche, Tenara Gabriela, Carlos Alberto da Silva, Adriana Lins.

Equipe de apoio/ Support Team - Bernardo Ribeiro de Mattos, Catarina Queiroz, João Cruz, Malthus de Queiroz, Ricardo Vasconcelos.